Thubten Chodron

Buddhismus

D1924069

HERDER spektrum

Band 5160

Das Buch

Eine achtsame und positive Haltung zu den Mitmenschen, zu allen Lebewesen, den Dingen und zum eigenen Leben – das ist es, was viele westliche Menschen am Buddhismus attraktiv finden. Thubten Chodron zeigt, wie wir in unserem alltäglichen Leben einige der Grundprinzipien des Buddhismus beherzigen können, und das gilt auch und gerade für diejenigen, die keine Buddhisten sind. Thubten Chodron gibt klare und präzise Antworten auf Fragen, die ihr im Laufe vieler Jahre bei zahllosen Vorträgen und Seminaren immer wieder gestellt worden sind. Das reicht von den großen Fragen wie „Was ist die Essenz der Lehre Buddhas?", „Was bedeuten aus buddhistischer Sicht Liebe und Mitleid?", „Was ist Meditation?", „Was ist Karma?" bis zu ganz praktischen Fragen: „Wie können wir lernen zu meditieren?", „Was können wir für jemanden tun, der im Sterben liegt?", „Wie sollen wir uns zu unseren Ängsten verhalten?", „Darf ein Buddhist Fleisch essen?" oder „Welche Unterschiede macht der Buddhismus zwischen Frauen und Männern?"

Ein Buch, das auf anschauliche und informative Weise in die grundsätzlichen Ideen und Haltungen der verschiedenen buddhistischen Richtungen einführt und Impulse für einen spirituell erfüllten Alltag gibt.

„Dieses Buch ist für Menschen geschrieben, die die Prinzipien verstehen wollen, die dem Buddhismus zugrunde liegen, und diese in ihr Leben integrieren wollen ... Es wird den Lesern von großem Nutzen sein." (Seine Heiligkeit der 14. Dalai Lama)

Die Autorin

Thubten Chodron ist eine tibetisch-buddhistische Nonne, die sich seit 1975 in Indien und Nepal bei verschiedenen großen Meistern in den Lehren des Buddhismus hat unterweisen lassen. Heute lehrt sie in der Dharma Friendship Foundation in Seattle, USA. Weltweite Vortragstätigkeit und Leitung von Meditations-Retreats. Autorin mehrerer Bücher.

Thubten Chodron

Buddhismus

Antworten auf die häufigsten Fragen

Aus dem Amerikanischen
von Renate FitzRoy

HERDER
FREIBURG · BASEL · WIEN

Titel der amerikanischen Originalausgabe: Buddhism for Beginners
© 2001 Thubten Chodron

Gedruckt auf umweltfreundlichem,
chlorfrei gebleichtem Papier

Deutsche Erstausgabe

Alle Rechte vorbehalten – Printed in Germany
© Verlag Herder Freiburg im Breisgau 2003
www.herder.de
Satz: Barbara Herrmann, Freiburg
Druck und Bindung: fgb · freiburger graphische betriebe 2003
www.fgb.de
Umschlaggestaltung und Konzeption:
R·M·E München / Roland Eschlbeck, Liana Tuchel
Umschlagmotiv: Morgenandacht am Ganges bei Sārnāth, Indien
© Peter Grieder
ISBN 3-451-05160-5

INHALT

VORWORT

Mit Freude habe ich von dem vorliegenden Buch gehört, das Thubten Chodron verfasst hat. Es ist für Menschen geschrieben, die die Prinzipien verstehen wollen, die dem Buddhismus zugrunde liegen, und diese in ihr Leben integrieren möchten. Vielleicht hilft es dem Leser, wenn ich in ein paar Worten erläutere, wie man sich dem Buddhismus am besten nähert. Man sollte am Anfang durchaus skeptisch bleiben, die Lehrsätze hinterfragen und an der eigenen Auffassung überprüfen. Nur so kann man der Lehre schließlich Vertrauen entgegenbringen und Zuversicht daraus gewinnen. Dieser Rat geht auf Buddha selbst zurück, der seinen Anhängern riet, seine Lehre nur nach gebührender Prüfung und nicht etwa aus Ehrfurcht und blindem Glauben anzunehmen. Es ist also wichtig, sich klar zu machen, dass der Glaube in erster Linie auf verstandesmäßiger Reflexion beruht. Diese führt dann zur Überzeugung, aus der die eigentliche Erfahrung erwächst. Durch das Denken in logischen Bahnen gewinnt man an Sicherheit, was wiederum zu neuen Erfahrungen führt und letztendlich den Glauben stärkt.

Seine Heiligkeit der 14. Dalai Lama

EINFÜHRUNG

Ich war erst ein paar Tage in Singapur, da erschien ein junger Mann an meiner Tür. „Darf ich Ihnen ein paar Fragen zum Buddhismus stellen?“, fragte er. Wir setzten uns also hin, und das Gespräch nahm seinen Lauf. Einige der Fragen hätten genauso gut von Menschen aus dem Westen kommen können, denen der Buddhismus neu war; andere dagegen konnten nur von Asiaten kommen, die in einer Gesellschaft groß geworden waren, in der sich der Buddhismus mit hergebrachten heimischen Religionen vermischt hatte – zumindest war in der Bevölkerung dieser Eindruck entstanden. So bemerkte ich, als ich meine Lehrtätigkeit in Singapur aufnahm, dass viele Menschen die gleichen Fragen bewegten.

Kurz nach diesem ersten Anstoß kam ein weiterer Besucher, der im Laufe unseres Gespräches meinte: „Wir sollten Buddhas Lehre in unserer Alltagssprache hören können. Wir brauchen eine klare Darstellung, die ohne viele unverständliche Pali- und Sanskrit-Termini auskommt. Schreiben Sie uns doch ein solches Buch, und ich werde Ihnen gern helfen, wo ich nur kann!“

Diese beiden Männer, Lee Siew Cheung und Robert Gwee, gaben den Anstoß zur Entstehung dieses Buches, das zuerst 1988 vom Amitabha Buddhist Centre Singapur privat gedruckt wurde. Sein ursprünglicher Titel lautete *I Wonder Why*. Die Menschen, die es lasen, schickten mir noch mehr Fragen, die in der vorliegenden Ausgabe berücksichtigt wurden.

Fragen zu stellen ist eine gute Angewohnheit, denn sie trägt dazu bei, Zweifel und Unklarheiten zu beseitigen und Neues zu erfahren. Viele Menschen haben ähnliche Fragen, und die schüchterneren unter ihnen wissen es in der Regel zu schätzen, wenn jemand sie für sie stellt! Im geistigen Leben kommt es aber meiner Ansicht nach viel mehr darauf an, sich die Fragen zu erhalten, als Antworten zu finden. Das Suchen nach einer gültigen Antwort rührt von dem Wunsch her, dem Leben, das doch eigentlich ständig im Fluss ist, Sicherheit und Festigkeit zu geben. So entstehen Starrheit, Engstirnigkeit und Intoleranz. Fragen zu haben und sie über die Jahre hinweg in ihren verschiedenen Aspekten zu beleuchten, hält uns mit dem Mysterium des Lebens selbst in Verbindung. Wenn also dieses Buch zunächst Fragen zu beantworten scheint, so müssen wir dennoch weiterhin Frage und Antwort im Blick behalten, sie immer wieder von neuem drehen und wenden und unter verschiedenen Blickwinkeln betrachten. So können sie Bestandteil unseres Lebens werden.

Das vorliegende Buch richtet sich sowohl an diejenigen, die sich einfach nur für den Buddhismus interessieren, als auch an diejenigen, die ihn jahrelang studiert oder praktiziert haben, aber in einigen Punkten weiterer Klärung bedürfen. Was vor Jahrzehnten an buddhistischer Lehre für den Westen übersetzt wurde, hat zum Teil selbst bei einigen Lehrenden zu Missverständnissen geführt, zu deren Aufklärung dieses Buch einen Beitrag leisten will.

Danksagung

Meine größte Achtung und Dankbarkeit gilt den Buddhas. Allen meinen Lehrern möchte ich für ihre Unterweisung und ihren Rat danken, insbesondere Seiner Heiligkeit dem Dalai Lama, Tsenzhab Serkong Rinpoche und Zopa Rinpoche. Den Mitarbeitern des Amitabha Buddhist Centres in Singapur und der Dharma Friendship Foundation in Seattle danke ich für Anregung und Hilfe beim Entstehen dieses Buches. Ein besonderes Dankeschön an Monica Faulkner für ihre Unterstützung bei der Durchsicht des Manuskripts. Für Fehler und Irrtümer bin ich allein verantwortlich.

Anmerkungen zum Sprachgebrauch

Die Pronomina „er" und „sie" sind einfach Bezeichnungen für die grammatische dritte Person und austauschbar. Die Begriffe „Geist", „Bewusstseinsstrom" und „Bewusstsein" sind untereinander austauschbar und schließen ein, was wir im Westen unter „Herz" verstehen, denn für den Buddhisten gibt es dafür nur einen Begriff. Unter „Buddha" ist der historische Buddha, Shakyamuni, zu verstehen, der vor 2500 Jahren in Indien lebte. Der Plural „Buddhas" bezieht sich auf alle erleuchteten Menschen. Shakyamuni ist einer von ihnen.

Ich habe mich bemüht, die buddhistischen Termini an den Stellen, an denen sie im Text auftauchen, zu erläutern. Darüber hinaus gibt es auch ein Glossar am Ende des Buches.

Thubten Chodron
Seattle, Washington, den 16. Juni 2000

1.

DAS WESEN DES BUDDHISMUS

Worin liegt das Wesentliche der Lehre Buddhas?

Auf einen Nenner gebracht geht es darum, anderen so wenig Schaden wie möglich zuzufügen und ihnen so viel wie möglich zu helfen. Auf andere Weise fasst ein vielzitierter Vers das Wesentliche zusammen:

Gib negatives Handeln auf;
Bemühe dich um die vollkommenen Kräfte des Guten;
Beherrsche deinen Geist.
Das ist die Lehre des Buddha.

Wenn wir negatives Handeln aufgeben, also andere nicht mehr verletzen und nicht mehr von destruktiven Motiven wie Zorn, überstarke Bindung und Engherzigkeit getrieben werden, fügen wir uns selbst und anderen auch keinen Schaden mehr zu.

Wenn wir uns um die vollkommenen Kräfte des Guten bemühen, wird unsere Grundhaltung eine positive Kraft – Ausgeglichenheit, Herzenswärme, Mitgefühl und Fröhlichkeit, und wir können konstruktiv handeln. Wenn wir unseren Geist beherrschen und die Wirklichkeit zu begreifen suchen, können wir unsere verzerrte Wahrnehmung der Dinge hinter uns lassen und zu Ruhe und Frieden finden.

Das Wesentliche der Lehre Buddhas lässt sich auch so beschreiben, wie sie in den Vier Edlen Wahrheiten erläutert wird – die Wahrheiten vom Leiden, von der Ursache des Leidens, vom Ende des Leidens und seinen Ursachen und vom Weg zum Ende dieses Leidens. Unter dem Leiden verstand Buddha unsere Erfahrung der Unzufriedenheit. Nicht einmal das Glück, das wir empfinden können, ist von Dauer, und auch daraus erwächst Unzufriedenheit. Die tiefere Ursache dafür liegt aber nicht in den äußeren Umständen und den Mitmenschen, sondern in uns selbst, in unserer Geisteshaltung. Negative Haltungen und störende Emotionen wie Nicht-loslassen-können, Zorn und Unwissenheit sind die wahre Ursache unseres Unglücklichseins. Da sie auf einer unzutreffenden Vorstellung vom Wesen der Realität beruhen, können wir sie aus unserem Bewusstsein verbannen und erreichen so den glückhaften Zustand des Nirwana – das Nichtvorhandensein von Unzufriedenheit und allem, was zu ihr führt. Es gibt einen Weg, die Realität zu erkennen und unsere positiven Fähigkeiten zu stärken. Buddha hat uns diesen Weg beschrieben, und wir besitzen die Fähigkeit, ihn nachzuvollziehen.

Dieser Weg ist oft als der Pfad der drei Höheren Schulungen beschrieben worden – ethische Disziplin, meditative Stabilisierung und Weisheit. Zuerst muss es uns gelingen, gute Menschen zu werden, die ihre Aufgabe im Gemeinwesen gut erfüllen und in Harmonie mit anderen leben. Dazu befähigt uns die Höhere Schulung der ethischen Disziplin. Haben wir mit ihrer Hilfe Ruhe in unser Handeln und unsere Rede gebracht, können wir im nächsten Schritt durch einsgerichtete Konzentration oder die Höhere Schulung der meditativen Stabilisierung unseren Geist bändigen. Dadurch wird es uns möglich, die Wurzel allen Leidens auszurotten, die Unwissenheit, die sich an die Vorstellung klammert, die Dinge hätten ein Eigendasein. Damit uns das gelingt, müssen wir die Höhere Schulung der Weisheit entwickeln, um die Wirklichkeit unverstellt wahrzunehmen.

Die drei Stufen der Höheren Schulung erreicht man über den Edlen Achtfachen Weg. Zur ethischen Disziplin gehört 1) die rechte Rede – wahr, freundlich und angemessen; 2) das rechte Handeln – Handeln, das anderen nicht schadet; 3) die rechte Art des Broterwerbs - auf unschädliche und ehrliche Weise. Zur Höheren Schulung der meditativen Stabilisierung gehört 4) das rechte Bemühen – das Bemühen, störender innerer Haltung und negativen Emotionen entgegenzuwirken, indem man sich meditativ auf den Weg konzentriert; 5) die rechte Geisteshaltung, die sowohl vor zu großer Mattigkeit als auch vor Aufgeregtheit bei der Meditation bewahrt; 6) die rechte Sammlung, Samadhi, die den Geist gezielt auf die Betrachtung des Guten ausrichtet. Zur Höheren Schulung der Weisheit gehört 7) die rechte Betrachtungsweise – die Erkenntnis der Gehaltlosigkeit alles Bestehenden; und 8) die rechte Gedankenführung – der Geist hat die Fähigkeit, den Weg anderen klar darzulegen, getragen von dem Wunsch, dass die Mitmenschen vom Leiden befreit werden.

Die Essenz des buddhistischen Weges ist auch in den drei Hauptaspekten dieses Weges enthalten: der Entschlossenheit, frei zu sein, der Absicht, selbstlos zu sein, und der Weisheit, die Wirklichkeit als solche zu erkennen. Am Anfang steht der Entschluss, sich aus dem Gewirr der eigenen Probleme und ihrer Ursachen zu befreien. Dann kommt die Erkenntnis, dass andere Menschen auch mit Schwierigkeiten zu kämpfen haben, und aus der Liebe und dem Mitgefühl, die wir dabei empfinden, entwickeln wir die selbstlose Absicht, ein Buddha zu werden, damit wir anderen möglichst wirksam beistehen können. Dazu müssen wir Weisheit entwickeln, also unsere wahre Natur wie auch die anderer Phänomene erfassen, so dass uns der Blick auf die Wahrheit nicht durch Verzerrungen getrübt wird.

Worin liegt das Ziel des buddhistischen Weges?

Der buddhistische Weg lässt uns einen Zustand andauernder Glückseligkeit für uns selbst und andere entdecken, indem er uns aus einem Dasein befreit, das Zyklen unterworfen ist, Kreisläufen von immer neu auftauchenden

Problemen, die uns in der Gegenwart belasten. Von der Geburt bis zum Tod stehen wir unter dem Einfluss von Unwissenheit, störenden Geisteshaltungen und dadurch geprägten Handlungen, dem Karma. So sehr wir auch alle nach Glück streben und nach Dingen, die uns glücklich machen, sind wir doch nicht völlig zufrieden mit unserem Leben. So sehr wir Schwierigkeiten aus dem Weg gehen wollen, kommen auch ohne unser Zutun immer wieder neue Probleme auf uns zu. Es gibt Menschen, bei denen sieht es so aus, als liefe bei ihnen vieles bestens, aber sobald man länger als fünf Minuten mit ihnen spricht, haben sie allerhand zu klagen. Menschen in solcher Lebenslage, die also noch keine Buddhas geworden sind, bezeichnet man als „empfindende Wesen".

Dieses Gefangensein in Kreisläufen hat seine tiefere Ursache in unserer Unwissenheit: Uns ist nicht klar, wer wir sind, wie unser Dasein und das anderer Erscheinungen zu verstehen ist. Da uns aber unsere eigene Unwissenheit auch nicht klar ist, projizieren wir unsere Vorstellung von unserem Dasein auf uns und unsere Mitmenschen und glauben, dass jeder Mensch und jeder Gegenstand ein ihm innewohnendes Wesen und ein Eigendasein hat. Daraus entsteht Anhaftung, eine Geisteshaltung, bei der die guten Eigenschaften eines Menschen in übertriebenem Maße wahrgenommen werden oder ihm gute Eigenschaften, die er gar nicht hat, zugeschrieben werden. Diese verstärkte Bindung ist verbunden mit der Erwartung, dass daraus das wahre Glück entsteht. Wenn diese Erwartung enttäuscht wird oder irgendetwas anderes das erwartete Glück verhindert, entsteht Zorn. Aus diesen drei grundlegenden störenden Geisteshaltungen – Unwissenheit, Anhaftung und Zorn – erwachsen viele andere, etwa Eifersucht, Stolz und Feindseligkeit, die dann unser Denken, unser Reden und Handeln bestimmen. Eine solche Handlungs- und Denkweise beeinflusst unser Bewusstsein, das dann wieder unsere zukünftigen Erfahrungen prägt.

Aus dem Kreislauf des Wiedergeborenwerdens können

wir uns befreien, indem wir die Weisheit erreichen, die uns die Leerheit (oder Ichlosigkeit) erkennen lässt. Diese Weisheit besteht darin, sich Rechenschaft abzulegen, dass sich weder in uns noch in anderen, noch in der bestehenden Welt etwas unabhängig Existierendes erfassen lässt. Mit dieser Erkenntnis wird aller Unwissenheit, allen störenden Geisteshaltungen und negativen Emotionen der Boden entzogen, und es kommt nicht mehr zu Handlungen aufgrund von Fehlinformationen oder von unguten Emotionen. Der so erreichte Zustand heißt Nirwana oder Befreiung. Diesen Zustand anhaltenden Glücks können alle Menschen erreichen.

Was versteht man unter den Drei Juwelen? Was können wir mit ihnen anfangen? Was bedeutet es, zu den Drei Juwelen Zuflucht zu nehmen?

Die Drei Juwelen heißen Buddha, Dharma und Sangha. Ein Buddha hat die Verunreinigungen des Geistes, die störenden Geisteshaltungen und negativen Emotionen bereits überwunden. Er hat auch überwunden, was diese Haltungen säen: die Spuren der durch sie motivierten Handlungen. Er ist gereinigt von den Flecken dieser störenden Haltungen und negativen Emotionen. Ein Buddha hat auch alle guten Eigenschaften entwickelt – unparteiische Liebe und Mitgefühl, tiefe Weisheit und Geschick in der Führung anderer Menschen. Unter Dharma verstehen wir vorbeugende Maßnahmen, die uns vor Problemen und Leiden schützen. Dazu gehören die Lehren des Buddha und die wohltuenden Geisteshaltungen, zu denen die Lehre in ihrer Anwendung führt. Die Sangha sind die Wesen, die die Realität direkt und unabhängig von einem festen Weltbild aufnehmen können. Unter Sangha wird auch die Gemeinschaft der Ordinierten verstanden, die Buddhas Lehre praktizieren. Doch hierbei handelt es sich nicht um das Sangha-Juwel, und wir können keine Zuflucht darin suchen.

Die Beziehung zwischen uns und den Drei Juwelen lässt sich mit der Lage eines Kranken vergleichen, der Hilfe bei Ärzten, Medikamenten und Schwestern sucht. Wir leiden unter dem, was in unserem Leben Unzufriedenheit verursacht. Buddha entspricht nun dem Arzt, der die Krankheit richtig diagnostiziert und das entsprechende Medikament verschreibt. Zum Dharma können wir Zuflucht nehmen – es ist die Medizin, die unser Leiden und seine Ursachen heilt. Auf dem Heilungsweg begleiten uns die Sangha wie Schwestern, die uns helfen, die Medizin einzunehmen.

Zuflucht zu suchen bedeutet: sich ganz und gar auf die Kraft der Drei Juwelen zu verlassen, die uns inspiriert und führt, um unserem Leben eine konstruktive, wohltuende Richtung zu geben. Zuflucht zu suchen bedeutet nicht, sich passiv unter dem Schutzmantel von Buddha, Dharma und Sangha zu verbergen; es ist vielmehr ein aktiver Prozess des Sichbewegens in die von ihnen gewiesene Richtung, der die Qualität unseres Lebens verbessert.

Wenn Menschen hier Zuflucht suchen, dann wollen sie sich darüber klar werden, welche Richtung sie in ihrem Leben einschlagen sollen, wer sie führen soll und wer die Weggefährten sein sollen. Das lässt keine Unentschiedenheit und Verwirrung zu, die aus einer Unsicherheit über den einzuschlagenden geistigen Weg entspringt. Nun gibt es Menschen, die sich in Sachen Spiritualität beliebig wie beim Einkaufen verhalten: Montags verwenden sie Kristalle, dienstags betreiben sie Bioenergetik, mittwochs Hindu-Meditation, donnerstags Hatha-Yoga, freitags gehen sie zum ganzheitlichen Heilen, samstags zur buddhistischen Meditation, und sonntags legen sie Tarotkarten. Dabei lernen sie allerhand auf verschiedenen Gebieten, doch ihre Anhaftung, ihr Zorn und ihre Engherzigkeit werden sich nicht wesentlich ändern. Zuflucht zu suchen bedeutet: eine klare Entscheidung treffen, wohin der Weg führen soll. Es ist aber auch möglich, Buddhas

Lehren mit Gewinn zu praktizieren, ohne Zuflucht zu suchen oder Buddhist zu werden.

Muss man Buddhist sein, um zu praktizieren, was Buddha lehrte?

Nein. Buddha hat uns eine Fülle von Wegweisern hinterlassen, und wenn uns einige davon helfen, ein besseres Leben zu führen, unsere Schwierigkeiten zu bewältigen und freundlich und aufgeschlossen zu werden, so steht es uns frei, ihnen zu folgen. Deshalb brauchen wir uns nicht unbedingt als Buddhisten zu bezeichnen. Sinn der Lehren Buddhas ist es, uns eine Hilfe zu sein, und wenn die Umsetzung einiger von ihnen uns hilft, in größerem Frieden mit uns selbst und anderen zu leben – dann ist das gut so, denn nur darauf kommt es an.

2.
BUDDHA

Wer ist Buddha? Wie kann er uns helfen, wenn er nur ein gewöhnlicher Sterblicher ist?

Wer Buddha ist, lässt sich auf verschiedene Weise ausdrücken, und jede dieser verschiedenen Betrachtungsweisen geht auf die Lehren des Buddha zurück. Da ist zum einen der historische Buddha, ein Mensch, der vor 2500 Jahren gelebt hat und der seinen Geist von allen Trübungen befreit und seine geistigen Fähigkeiten zur höchsten Form entwickelt hat. Jeder, der es ihm gleichtut, wird auch als Buddha betrachtet, und so gibt es denn viele Buddhas, nicht nur den einen. Es ist aber auch möglich, einen bestimmten Buddha oder eine bestimmte buddhistische Gottheit als besondere Verkörperung aller erleuchteten Geister zu begreifen, die mit uns in Verbindung treten wollen. Wieder eine andere Möglichkeit der Auffassung von Buddha liegt darin, Buddha oder irgendeine der erleuchteten buddhistischen Gottheiten als Erscheinungsform des Buddha zu sehen, in den wir uns selbst verwandeln, wenn wir unseren Geist von Trübungen gereinigt und unsere vollen geistigen Fähigkeiten entwickelt haben. Auf jeden dieser Aspekte wollen wir im Folgenden näher eingehen.

Der historische Buddha

Der historische Buddha wurde als Prinz Siddhartha Gautama im gegenwärtigen Grenzgebiet zwischen Indien und Nepal geboren. An materiellem Besitz hatte er alles, was er sich nur wünschen konnte, dazu ein liebevolles Elternhaus, Ansehen und Macht. Schon bald nach seiner Geburt prophezeite ein Wahrsager, dass Siddhartha entweder ein großer König oder ein großer geistiger Führer werden würde. Da sein Vater ihm eine politische Führungsrolle zugedacht hatte, suchte er ihn von Unerfreulichem abzuschirmen. Dennoch gelang es dem jungen Siddhartha, sich aus dem Palast zu schleichen, und bei seinen Streifzügen durch die Stadt traf er zuerst auf einen kranken Menschen, dann sah er einen Greis und schließlich einen Toten. Das ließ ihn das Interesse an jenen Dingen verlieren, die zwar flüchtiges weltliches Glück bringen konnten, jedoch nichts zur Linderung der unmittelbaren Not der Menschen beitrugen. Auf einem anderen Ausflug in die Stadt begegnete er einem herumreisenden Asketen und erfuhr, dass dieser sich aus den Daseinskreisläufen befreien wollte, in die er durch seine Unwissenheit und sein Karma eingebunden war. Daraufhin ließ Siddhartha sein fürstliches Leben zurück und wurde ein Asket auf der Suche nach der Wahrheit. Nach sechs Jahren strengster Kasteiung wurde ihm klar, dass auch äußerste Selbstverleugnung nicht der Weg zur letzten Glückseligkeit sein konnte. So gab er das extreme Asketentum auf. Unter einem Bodhi-Baum in der Nähe des heutigen Bodhaya in Indien ließ er sich nieder und versenkte sich in tiefe Meditation. Dabei gelang es ihm, seinen Geist von allen falschen Vorstellungen und Trübungen zu befreien und seine Fähigkeiten und guten Eigenschaften zu vervollkommnen. Danach begann er zu lehren, und das tat er fünfundvierzig Jahre lang mit Mitgefühl, Weisheit und Geschick. Auf diese Weise befähigte er auch andere, allmählich ihren Geist zu reinigen, ihre Fähigkeiten zu entwickeln und so die gleiche Stufe der Wahrnehmung und der Glückseligkeit zu erreichen, auf der er angelangt war. Das Wort Buddha aber bedeutet „der Erweckte", derjenige, der seinen Geist vollkommen gereinigt hat.

Wie kann uns ein solcher Mensch aus unseren Nöten und Schmerzen retten? Buddha kann nicht störende Haltungen wie Unwissenheit, Zorn und Anhaftung aus unserem Bewusstsein ziehen wie einen Dorn aus dem Fuß. Er kann auch nicht die Trübungen in unserer Wahrnehmung mit Wasser wegwaschen oder uns Erkenntnis mit einem Trichter einflößen. Buddha empfindet gleichermaßen Mitgefühl für alle empfindenden Wesen und liebt sie mehr als sich selbst. Wäre es ihm möglich gewesen, uns durch sein Handeln Leid abzunehmen, er hätte es getan.

Unsere Erfahrungen von Glück und Schmerz hängen jedoch von unserem Bewusstsein ab, davon, ob es uns gelingt, unsere störenden Geisteshaltungen und das dadurch belastete Handeln, das Karma, zu überwinden. Dazu hat uns Buddha eine Methode gezeigt, die er selbst anwandte, um vom gewöhnlichen Zustand der Verwirrung, in dem auch wir uns jetzt befinden, zu einem Zustand geistiger Reinheit und geistigen Wachstums zu gelangen, dem Buddhatum. An uns liegt es, diese Methode zu üben und unser Bewusstsein zu verändern. Shakyamuni Buddha hat uns vorgemacht, was wir ihm nachtun wollen – er hat den Zustand dauernder Glückseligkeit erreicht. Sein Beispiel und seine Lehre zeigen uns den Weg. Buddha kann aber nicht unseren Geist beherrschen – das können nur wir selbst. So hängt die Erleuchtung, die wir erreichen können, nicht nur vom Wegweiser Buddha ab, sondern auch von unserem eigenen Bemühen, auf diesem Weg zu folgen.

Das soll mit einer Analogie verdeutlicht werden: Nehmen wir an, wir wollen nach London fahren. Zuerst finden wir heraus, ob diese Stadt tatsächlich existiert. Als Nächstes sehen wir uns nach jemandem um, der schon einmal dort war und das Wissen, die Fähigkeit und den

Willen hat, uns alle notwendigen Informationen für die Reise zu geben. Auf jemanden zu hören, der noch niemals dort war und womöglich unwissentlich Fehlinformationen verbreitet, wäre unsinnig. So ist auch Buddha derjenige, der den Zustand der Erleuchtung erreicht hat und über die Weisheit, das Mitgefühl und das Geschick verfügt, um uns den Weg zu weisen. Sich einem Führer anzuvertrauen, der diesen Erleuchtungszustand noch nicht selbst erreicht hat, wäre töricht.

Unser Reiseführer kann uns sagen, was wir mitnehmen und was wir zurücklassen sollen. Er kann uns sagen, wo wir umsteigen müssen, durch welche Orte wir kommen, welche Gefahren unterwegs auf uns lauern und was an Ressourcen verfügbar ist. Ebenso hat uns Buddha die verschiedenen Stufen des Weges und der Bewusstseinszustände beschrieben und uns gezeigt, wie wir von einer Stufe zur nächsten gelangen können, welche guten Eigenschaften wir beibehalten und entwickeln sollen und welche schädlichen wir ablegen sollen. Nun kann ein Reiseführer uns aber nicht zwingen zu reisen, er kann nur den Weg weisen. Wir müssen uns schon selbst zum Flughafen begeben und ins Flugzeug steigen. Ebenso kann uns Buddha nicht zwingen, seinen Weg in die Praxis umzusetzen. Er zeigt uns durch seine Lehre und sein Beispiel, was zu tun ist, aber auf den Weg machen müssen wir uns selbst.

Buddha-Verkörperungen

Zweitens kann man sich die Buddhas als Verkörperung erleuchteter Geister in verschiedenen Buddha-Gestalten und Buddha-Gottheiten vorstellen. Buddhas sind allwissend in dem Sinne, dass sie alle existierenden Erscheinungen so klar erkennen können wie wir unsere eigene Handfläche. Diese Fähigkeit haben sie durch die vollständige Entwicklung von Weisheit und Mitgefühl erworben und dabei alle Trübungen beseitigt. Es ist uns aber nicht möglich, uns direkt mit dem Geist dieser allwissenden Buddhas zu verständigen, denn unser Geist ist verdunkelt. Da es aber den Buddhas ein Herzensanliegen ist, alle Wesen zur Erleuchtung zu führen, müssen sie mit uns in Verbindung treten, und deshalb nehmen sie eine menschliche Gestalt an. So können wir uns Shakyamuni Buddha auch als ein bereits erleuchtetes Wesen vorstellen, das in der Gestalt eines Prinzen erschien, um uns zu lehren.

Wenn aber Shakyamuni schon erleuchtet war, wie konnte er dann wiedergeboren werden? Diese Wiedergeburt fand nicht unter den Vorzeichen der störenden Geisteshaltungen und davon belasteten Handlungen (Karma) statt, denn er hatte seinen Geist bereits von diesen Trübungen befreit. Wenn es ihm dennoch möglich war, wieder auf der Erde zu erscheinen, dann nur durch die Kraft seines Mitgefühls. Auf ähnliche Weise können Bodhisattvas – Wesen mit dem dauernden und innigen Wunsch, Buddhas zu werden – freiwillig wiedergeboren werden. Auch bei ihnen geschieht das nicht aufgrund von Unwissenheit wie bei normalen Sterblichen, sondern aufgrund ihres Mitgefühls.

Wenn wir Buddha als eine solche Verkörperung verstehen, geht es dabei weniger um Buddha als Person als vielmehr um die Qualitäten seines allwissenden Geistes, die sich in einer Person manifestieren. Das ist ein abstrakteres Verständnis Buddhas, das zu begreifen von uns mehr Anstrengung erfordert.

In ähnlicher Weise können auch die verschiedenen erleuchteten buddhistischen Gottheiten als Verkörperungen von Qualitäten des allwissenden Geistes verstanden werden. Wie kommt es nun, dass es so viele Gottheiten gibt, da doch alle erleuchteten Wesen zu denselben Erkenntnissen gelangt sein müssen? Das liegt einfach daran, dass jede physische Erscheinung wieder andere Aspekte unserer Persönlichkeit anspricht. Hier zeigt sich das Geschick der Buddhas, ihre Fähigkeit, jeden Menschen nach seiner Veranlagung zu leiten. So ist etwa Avalokiteshvara (Kuan Yin, Chenresig, Kannon) die Verkörperung des Mitgefühls aller Buddhas. Gewiss besitzt er Allwissenheit und Mitgefühl wie jeder Buddha auch, doch die besondere Verkörperung des Avalokiteshvara ist auf das Mitgefühl gerichtet.

Erleuchtetes Mitgefühl kann man nicht mit Augen sehen, aber wie würde es aussehen, wenn es Gestalt annähme? Wie sich Künstler symbolisch durch Bilder ausdrücken, so drücken die Buddhas ihr Mitgefühl symbolisch in der Gestalt des Avalokiteshvara aus. In manchen Zeichnungen ist er weiß mit tausend Armen dargestellt. Die weiße Farbe hebt seine Reinheit hervor, hier die Reinigung von Selbstsucht durch Mitgefühl. Die tausend Arme, jeder mit einem Auge auf der Handfläche, zeigen an, dass das Mitgefühl alle Lebewesen in gleichem Maße ansieht und ihnen helfend den Arm entgegenstreckt. Die Gestalt des Avalokiteshvara selbst ist Ausdruck des Mitgefühls, und in dieser physischen Ausformung können wir uns das Mitgefühl vor Augen rufen und mit ihm ohne Worte durch das Symbol in Verbindung treten.

Die Weisheit aller Buddhas nimmt in der Gottheit Manjushri Gestalt an. Er hat den gleichen Grad der Erkenntnis wie alle Buddhas und wird in der tibetischen Tradition golden dargestellt, mit einem Flammenschwert und einer Lotusblume, auf der das Sutra der Vollkommenen Weisheit ruht. Diese Gestalt ist auch ein Symbol für innere Erkenntnis. Die goldene Farbe steht für Weisheit, die den Geist erleuchtet, so wie die goldenen Strahlen der Sonne die Erde beleuchten. Das Sutra der Vollkommenen Weisheit bedeutet, dass wir, wollen wir Weisheit erlangen, den Inhalt dieses Sutras studieren, darüber nachdenken und meditieren müssen. Das Schwert stellt die Weisheit dar, die die Unwissenheit durchschneidet. Indem wir uns Manjushri vor Augen führen und über ihn meditieren, können wir die Eigenschaften eines Buddha erwerben, vor allem Weisheit.

Diese Beispiele sollen uns helfen zu begreifen, warum es so viele Gottheiten gibt. Jede beleuchtet einen bestimmten Aspekt der Eigenschaften der Erleuchteten und verleiht diesem Aspekt symbolischen Ausdruck, woraus man jedoch nicht schließen darf, dass es kein Wesen wie Avalokiteshvara gäbe. Einerseits können wir den Buddha des Mitgefühls als einen Bewohner des so genannten Reinen Landes begreifen, eines Ortes, an dem alle Bedingungen für geistiges Wachstum erfüllt sind. Auf einer anderen Ebene können wir Avalokiteshvara auch als Gestalt gewordenes Mitgefühl ansehen. In Tibet wird Avalokiteshvara männlich dargestellt, in China weiblich. Ein erleuchteter Geist steht aber im Grunde über der Unterscheidung von männlich und weiblich. Die verschiedenen Verkörperungen sind einfach Erscheinungen, die es uns, die wir auf einen Körper fixiert sind, erleichtern sollen, sich mit ihnen zu verständigen. Ein erleuchtetes Wesen kann eine Vielzahl von Gestalten annehmen. Ist es in einer Kultur wirksamer, den Menschen als weibliche Gestalt zu erscheinen, in einer anderen dagegen als männliche Verkörperung, so wird das erleuchtete Wesen entsprechend handeln.

All diesen verschiedenen Erscheinungsformen liegt aber derselbe allwissende Geist der Weisheit und des Mitgefühls zugrunde. Die verschiedenen Buddhas und Gottheiten sind also nicht in dem Sinne verschiedene Wesen, wie Äpfel und Apfelsinen verschiedene Früchte sind. Vielmehr haben sie alle dieselbe Natur. Sie nehmen nur verschiedene Formen an, um mit uns auf verschiedene Weise in Verbindung zu treten. Aus einem Tonklumpen lässt sich ein Topf, eine Vase, ein Teller oder eine Figur formen. Alle bestehen sie aus demselben Material – Ton –, und doch erfüllen sie aufgrund ihrer Form unterschiedliche Aufgaben. Genauso ist das Wesen aller Buddhas der segensreiche allwissende Geist der Weisheit und des Mitgefühls, und es erscheint in einer Vielfalt von Formen, um verschiedene Aufgaben zu übernehmen. So werden wir, wenn wir Mitgefühl entwickeln wollen, in der Meditation Avalokiteshvara hervorheben, und wenn unser Geist trüb und träge ist, konzentrieren wir unsere Übungen auf Manjushri, den Buddha der Weisheit. Beide Buddhas haben dieselben Erkenntnisse, und doch ist jeder von ihnen für etwas Besonderes „zuständig".

Der Buddha, zu dem wir einmal werden

Drittens lässt sich Buddha als Vorwegnahme unserer eigenen vollen Entfaltung zur Buddha-Natur begreifen. Alle Menschen besitzen die Fähigkeit, Buddhas zu werden, denn von seiner Natur her ist unser Geist rein. Gegenwärtig ist er aber getrübt von störenden Einstellungen, negativen Emotionen (Klesa) und dadurch belasteten Handlungen (Karma). Durch ständige Übung können wir diese Trübungen aus unserem Bewusstseinsstrom entfernen und die Keime der wunderbaren Fähigkeiten, die wir besitzen, nähren. Am Ende dieses Reinigungs- und Wachstumsprozesses kann jeder von uns ein Buddha werden. Hierin liegt das Besondere im Buddhismus, denn in den meisten anderen Religionen ist die Kluft zwischen göttlichem und menschlichem Wesen unüberbrückbar. Buddha aber sagte, dass jeder Mensch die Fähigkeit hat, völlige Erleuchtung zu erlangen. Dazu muss er nur den Weg der Übung gehen und genügend Gelegenheiten zur Erleuchtung suchen. So sind denn schon viele Menschen zu Buddhas geworden, und auch uns kann es gelingen.

Wenn wir uns Buddha oder eine Gottheit vor Augen führen und darin den Buddha sehen, der künftig aus uns werden wird, so entwerfen wir ein Bild von unserer jetzt noch verborgenen Buddha-Natur, wie sie voll entfaltet erscheinen wird. Wir nehmen die Zukunft vorweg, die uns erwartet, wenn wir den Weg der Erleuchtung zurückgelegt haben, und indem wir die Zukunft so in die Gegenwart hineinnehmen, stärken wir unsere verborgene Güte.

Im Buddha, der aus uns wird, liegt unser eigentlicher Schutz vor Leid, denn durch unsere Buddhawerdung gelingt es uns, die Ursachen unserer gegenwärtigen unbefriedigenden Lage zu beseitigen.

Wir haben die verschiedenen Möglichkeiten, die Buddha-Erscheinung zu verstehen, in fortschreitendem Schwierigkeitsgrad dargestellt. Vielleicht können wir nicht alles sofort begreifen, und das macht gar nichts. Da die Menschen auf verschiedene Weise begreifen, muss man verschiedene Deutungen anbieten. Man kann von uns weder erwarten, dass wir alle gleich denken, noch dass wir alles auf einmal verstehen.

Es leben doch heute schon Menschen, die zu Buddhas geworden sind. Warum geben sie sich dann nicht zu erkennen und zeigen uns ihre seherischen Fähigkeiten, um andere zum Glauben zu bekehren? Warum streiten die großen Lehrmeister alle ab, über geistige Realisierungen zu verfügen?

Zu den Haupteigenschaften eines erleuchteten Wesens gehört die Demut. Es steht einem Buddhisten nicht an, mit seinen Errungenschaften zu prahlen und egoistisch Jünger um sich zu scharen. Durch ihre tief verwurzelte Achtung vor allen Lebewesen und ihren Willen, von allen zu lernen, geben die geistigen Lehrmeister uns ein Beispiel. Wir gewöhnlichen Sterblichen dagegen neigen dazu, unsere Qualitäten ins beste Licht zu rücken und zuweilen gar mit Talenten und Errungenschaften zu prahlen, die wir nicht besitzen. Auf den höheren Stufen des Übungspfades tut man das Gegenteil – man bleibt bescheiden.

Buddha untersagte seinen Anhängern, ihre seherischen und wundertätigen Kräfte vorzuführen, es sei denn, die Umstände machten es dringend erforderlich. Sie durften auch nicht über diese Kräfte sprechen. Dafür gibt es mehrere Gründe. Wer seherische Kräfte besitzt und sie zur

Schau stellt, könnte Stolz entwickeln, der ihm auf seinem weiteren Übungsweg schadet. Auch könnten andere daraufhin dem Aberglauben aufsitzen, es gehe beim Folgen des Übungswegs letztlich um den Erwerb von seherischen Kräften. Dabei sind sie nur ein Nebeneffekt, und nur demjenigen, den die Liebe zu allen Lebenden gleichermaßen beseelt, können sie dienen. Im Übrigen würde ein Buddha, dessen Körper aus strahlendem Licht besteht, die Menschen tief erschrecken, wenn er ihnen plötzlich auf der Straße erschiene, so dass sie nicht mehr auf seine Lehre Acht geben würden. Daher ist es für diejenigen, die eine höhere Stufe auf dem Pfade der Erkenntnis erreicht haben, ratsamer, sich in gewöhnlicher Gestalt zu zeigen. Vielleicht fallen uns ungewöhnliche Eigenschaften an ihnen auf, aber da sie ja genauso aussehen wie wir, fühlen wir uns ihnen näher, und wir gewinnen Zuversicht, dass auch wir die gleichen Zustände der Erleuchtung erreichen können wie sie.

Was bedeutet Glauben im Buddhismus? Können wir die Gnade der Buddhas erfahren?

Im Buddhismus werden wir ermutigt, die Lehren Buddhas anzunehmen und zu erproben. Auf diese Weise entwickeln wir Glauben und lernen, den Lehren zu vertrauen. Im Buddhismus kennt man drei Arten von Vertrauen:

1) Das Reine oder Bewundernde Vertrauen: Wir bewundern die Qualitäten von Buddha, Dharma und Sangha, indem wir uns mit ihnen vertraut machen.
2) Das Nacheifernde Vertrauen: Indem wir die Qualitäten der Drei Juwelen anerkennen, streben wir danach, wie sie zu werden.
3) Das Vertrauen aus Überzeugung: Indem wir die Lehren überprüfen und sie auf unser Leben anwenden, kommen wir zu der Überzeugung, dass sie gültig sind.

Im Buddhismus kennt man den Begriff der „Gnade“ als solchen nicht, aber es gibt eine ähnliche Vorstellung, die sich wiedergeben lässt als das Empfangen der Inspiration oder des Segens der Drei Juwelen. Das bedeutet, dass unser Geist sich nicht nur durch den Einfluss der Drei Juwelen, sondern auch durch unser eigenes Bemühen und unsere Offenheit wandelt.

3.

LIEBE UND MITGEFÜHL

Was bedeuten für einen Buddhisten Liebe und Mitgefühl? Warum sind sie wichtig?

Liebe ist der Wunsch, dass alle empfindenden Menschen (die also noch nicht völlig erleuchtet sind) den Weg zur anhaltenden Glückseligkeit finden. Mitgefühl ist der Wunsch, sie frei von Leid und dessen Ursachen zu sehen. Wir arbeiten unablässig daran, diese Gefühle allen Menschen gegenüber gleichermaßen zu entwickeln – uns selbst gegenüber, denen, die wir kennen, und denen, die wir nicht kennen.

Liebe und Mitgefühl kommen uns selbst und anderen zugute. Sie verbinden uns mit allen lebenden Menschen. Gefühle der Entfremdung und Verzweiflung weichen der Zuversicht. Wenn wir von solchen Gefühlen beseelt sind, werden wir entsprechend handeln, und die Menschen um uns herum haben Gewinn von unserer Freundlichkeit. Unsere Familie kann es spüren, ebenso wie unsere Kollegen, unsere Freunde und die Menschen, die uns im Laufe des Tages begegnen. Liebe und Mitgefühl zu entwickeln ist eine Möglichkeit, zum Frieden in der Welt beizutragen. Außerdem hinterlassen sie einen Eindruck in unserem Bewusstsein, der uns in unserer spirituellen Praxis voranbringt. Wir werden aufgeschlossener und aufmerksamer auf dem Weg zur Erleuchtung.

Im Buddhismus ist die Rede davon, alle Menschen gleichermaßen zu lieben. Ist das überhaupt möglich?

Ja. Man muss nur durch das äußere Erscheinungsbild hindurch ins Herz seiner Mitmenschen sehen und erkennen, dass alle empfindenden Wesen genauso sehr wie wir selbst glücklich sein und dem Leiden entkommen wollen. In diesem Sinne sind alle empfindenden Wesen gleich. Wenn wir uns diese Betrachtungsweise immer wieder von neuem aneignen, entziehen wir der verurteilenden, kritischen Haltung den Boden, die so gern nach Fehlern im anderen sucht. Wenn wir etwa irgendwo in einer Schlange stehen, geben wir oft innerlich einen Kommentar über die Menschen um uns herum: „Ist der aber dünn! Muss die da sich so fürchterlich anziehen? Mit dem da ist nicht gut Kirschen essen! So ein Angeber!" Solchen Selbstgesprächen liegen oberflächliche Urteile und falsche Annahmen zugrunde. Sie verstärken nur Vorurteile und die Empfindung der Entfremdung von anderen Menschen. Wenn wir uns dagegen darin üben, tiefer zu blicken und zu erkennen, dass jeder Mensch genau wie wir nach Glück strebt und Schmerz meiden will, dann verbindet uns etwas mit ihnen allen, und wir können allen Menschen gleichermaßen wohlgesinnt sein. Es versteht sich von selbst, dass eine solche Haltung über lange Zeit geübt sein will. Dadurch, dass wir ein paar Mal solche Gedanken hegen, sind all unsere Voreingenommenheiten noch lange nicht hinweggefegt!

Wir sind Gewohnheitstiere, und es erfordert allerhand Anstrengung, unsere gewohnten Urteile, emotionalen Reaktionen und Verhaltensweisen gegenüber anderen aufzugeben. Jeder Augenblick in unserem Leben gibt uns aber von neuem Gelegenheit, einen Versuch zu wagen und anders zu handeln. Jedes Mal, wenn wir jemandem begegnen, haben wir die Möglichkeit, eine Verbindung zu dem anderen Menschen herzustellen, Freundlichkeit zu geben und zu empfangen. Wir müssen nur wach werden und all die Gelegenheiten nutzen, die sich uns täglich bieten!

Führt es nicht zum Zusammenbruch der sozialen Alltagsbeziehungen, wenn wir allen Menschen gleichermaßen Zuneigung entgegenbringen?

Liebe ist eine Gefühlsregung, die wir in unserem Herzen gegenüber jedermann pflegen wollen. Das heißt aber nicht, dass wir alle Menschen auf genau die gleiche Weise behandeln. So werden wir etwa immer noch die begrenzten Möglichkeiten und die besonderen Fähigkeiten von Kindern anerkennen und sie nicht wie Erwachsene behandeln. Menschen, die wir kennen, werden wir auch anders begegnen als Unbekannten, denn die Konventionen unserer Gesellschaft behalten ja ihre Gültigkeit. Wenn sich jemand über uns ärgert, müssen wir ihm zuhören und uns bemühen, den Konflikt zu lösen. Versuchten wir so zu tun, als gäbe es keinen Konflikt, so hätte der andere das Gefühl, wir ignorierten ihn. Dennoch: In welcher Beziehung wir auch zu unserem Gegenüber stehen – wir können das Wohl eines jeden in unser Herz einschließen.

Wo liegt der Unterschied zwischen Mitgefühl und Mitleid?

Mitgefühl ist der Wunsch, alle empfindenden Wesen frei von Leid und seinen Ursachen zu sehen. Wie bei der Liebe wird dabei dem Glück und dem Leiden jedes Einzelnen die gleiche Bedeutung zugemessen. Dabei sind wir auf gleicher Ebene mit allen Mitmenschen, während beim Mitleid ein Machtgefälle ins Spiel kommt. Wenn wir Mitleid empfinden, betrachten wir uns selbst als die weit Überlegenen. Wir lassen uns in mitleidiger Fürsorge herab zu denen, die wir als uns unterlegen betrachten. Mitgefühl dagegen ist unmittelbar und bewegt sich auf gleicher Ebene, denn dem Leid soll ein Ende bereitet werden, gleichgültig, wer leidet, und wenn wir in großem oder kleinem Rahmen helfen können, tun wir es.

Wenn wir etwa auf einen Dorn treten, fassen wir mit

der Hand nach unten und ziehen ihn heraus, und wenn dann die Hand dem Fuß einen Verband anlegt, sagt sie nicht zu ihm: „Du stellst dich aber blöd an! Pass doch auf, wo du hintrittst! Jetzt kann ich dich wieder verarzten! Du bist mir zu Dank verpflichtet, merk dir das!" Warum fällt es der Hand nicht ein, so zu „denken"? Weil Hand und Fuß Teil desselben Organismus sind und sich natürlicherweise und ohne nachzudenken beistehen. Wenn wir uns auf ähnliche Weise als Teil eines Organismus verstehen, das aus empfindenden Wesen besteht, dann reichen wir andern ganz selbstverständlich die Hand. Diese Art des Mitgefühls wollen wir durch Übung entwickeln.

Wie steht es mit der Selbstliebe und dem Mitgefühl für andere?

Uns selbst gern zu haben ist wichtig. Im Buddhismus ist keine Rede davon, uns selbst aus Mitgefühl für andere so weit zurückzustellen, dass wir am Ende anderen eine Last werden und sie sich um uns kümmern müssen. Vielmehr kümmern wir uns auf gesunde Weise um uns und unser Wohlergehen, ohne zu übertreiben. Wir halten uns sauber und gesund und sind möglichst vergnügt, so dass wir anderen mit Wohlwollen und Fröhlichkeit begegnen können. Liebe und Mitgefühl für uns selbst zu empfinden heißt aber auch nicht, uns jeden Wunsch zu erfüllen und uns selbst an die erste Stelle zu setzen. Wenn wir jede Kleinigkeit, die uns zustößt, wichtig nehmen und jede unserer Empfindungen gewaltig aufbauschen, werden wir überempfindlich und allzu leicht kränkbar, und wir machen uns das Leben schwer. Zwischen Selbstliebe und Egozentrik besteht ein großer Unterschied.

Seine Heiligkeit der Dalai Lama hat gesagt: „Wenn man schon selbstsüchtig ist, soll man intelligent selbstsüchtig sein und sich um andere kümmern." Wenn wir uns um uns selbst drehen und die Sorgen anderer ignorieren oder sie hinter die eigenen stellen, sind andere unglücklich. Daraus entsteht in unserer Umgebung eine ungute Atmosphäre, die wieder auf uns abfärbt. Wenn wir uns um andere kümmern, sind sie froh, und um uns herum herrscht ein Wohlwollen, das uns auch wieder froh stimmt. Im Übrigen lässt selbstbezogenes Handeln negatives Karma in unserem Bewusstsein keimen, das für uns zu unguten Erfahrungen führt. Handeln, das wirklicher Teilnahme und Sorge für andere entspringt, legt den Keim für gutes Karma und trägt auch zu unserer Glückseligkeit bei.

Wenn wir den Entschluss fassen, uns aus den Zyklen des Daseins zu befreien und zum Nirwana zu gelangen – einer der drei Hauptaspekte des Übungsweges (die anderen sind Selbstlosigkeit und die Erkenntnis der Gehaltlosigkeit des Bestehenden) –, heißt das, wir haben Mitgefühl für uns selbst. Da wir nicht weiter im Leiden aufgrund der Daseinszyklen gefangen sein wollen, streben wir danach, uns zu befreien. Diese Art des Mitgefühls für uns selbst ist für das Fortschreiten der Entwicklung unseres Geistes notwendig. Sie ist auch die Vorbedingung für das Mitgefühl mit allen anderen empfindenden Menschen.

Worin liegt der Unterschied zwischen der Anhaftung an andere Menschen und Liebe zu ihnen? Was ist an der Anhaftung problematisch?

Im Buddhismus definiert man Anhaftung als eine Einstellung, bei der man gute Eigenschaften anderer Menschen übertrieben wahrnimmt oder ihnen Qualitäten zuschreibt, die sie nicht besitzen, und sich dann an diese Menschen klammert. Bei der Anhaftung haben wir Menschen gern, weil sie uns einen Gefallen tun. Sie machen uns Geschenke, loben uns, helfen und ermutigen uns. Bei der Liebe geht es uns darum, dass empfindende Menschen das finden, worauf Glückseligkeit sich gründet, denn sie sind ja unseresgleichen. Wenn wir durch Anhaftung an andere angebunden sind, sehen wir sie nicht, wie sie wirklich sind, und daraus entwickelt sich oft eine Anspruchshaltung. Wir glauben, dass sie sich auf bestimmte Weise verhalten und bestimmte Eigenschaften haben sollten. Wenn sie dann unseren Erwartungen nicht entsprechen, reagieren wir verletzt, enttäuscht und zornig.

Wenn wir andere lieben, erwarten wir keine Gegenleistung. Wir nehmen die Menschen so, wie sie sind, und versuchen ihnen zu helfen, ohne uns Gedanken zu machen, welchen Nutzen wir daraus ziehen könnten. Wahre Liebe kennt keine Eifersucht, ist nicht besitzergreifend und nicht nur für einige wenige Nahestehende reserviert. Sie ist ein Gefühl, das man gleichermaßen für jedermann empfindet.

Besteht nicht die Gefahr, dass wir zynisch werden und unseren Mitmenschen kein Vertrauen mehr entgegenbringen, wenn wir unsere Anhaftung an andere aufgeben und nichts mehr von ihnen erwarten?

In unserer Gesellschaft erwarten wir von anderen der jeweiligen Situation angemessene Umgangsformen und Verhaltensweisen. So erwarten wir beispielsweise, dass ein Mitarbeiter unseren Gruß erwidert. Wir erwarten, dass diejenigen, mit denen wir an einem Projekt arbeiten, ihren Beitrag leisten. Das sind ganz normale Erwartungen. Schwierig wird es, wenn wir zornig oder verletzt reagieren, weil jemand unsere Erwartungen nicht erfüllt, und wir dann denken: „Gut, es ist sinnlos, von irgendjemandem noch irgendetwas zu erwarten." Das ist Zynismus, auch eine emotionale Reaktion, die nicht mit der Lösung aus Anhaftung zu verwechseln ist. Bei der Haltung, die wir entwickeln wollen, hat man die Hoffnung auf die Zuverlässigkeit der anderen nicht aufgegeben, aber man erwartet nicht ständig nur Zuverlässigkeit von ihnen. Wir vertrauen auch weiterhin darauf, dass die Menschen im Grunde freundlich sind, aber wir können es akzeptieren, wenn sie es nicht sind - wissen wir doch, dass bei ihnen wie bei uns manchmal negative Emotionen und Verwirrung die Oberhand behalten.

Wie können wir, wenn wir uns gelöst haben, noch Mitglied unserer Familie und unseres Freundeskreises sein?

Die Vorstellung des „Sich-lösens" gibt das buddhistische Konzept nur unzureichend wieder. Vielleicht wäre „sich nicht anbinden" besser. Mit Sich-lösen verbindet man Gleichgültigkeit, Kälte und Distanziertheit. Das Sich-nicht-anbinden im buddhistischen Sinne bedeutet Ausgeglichenheit, Freiheit vom Sich-anklammern. Wenn wir von Anhaftung frei sind, erwarten wir nichts Unrealistisches von anderen und klammern uns auch nicht deshalb an sie, weil wir fürchten, ohne sie unglücklich zu sein. Loslösung bedeutet Ruhe, Realismus, Offenheit und Akzeptieren von Tatsachen. Es hat nichts Feindseliges, Zwanghaftes oder Eigenbrötlerisches. Mit einer solchen Ausgeglichenheit weisen wir Freunde und Verwandte nicht zurück, sondern wir haben eine andere Art von Beziehung zu ihnen. Ohne Anhaftung wird unser Verhältnis zu anderen harmonisch, ja unsere Zuneigung zu ihnen wächst.

Im Buddhismus liegt die Betonung darauf, dass man andere mehr als sich selbst liebt. Kann das nicht zu Abhängigkeitsverhältnissen führen, in der eine Person immer ihre eigenen Bedürfnisse hintanstellt, um es anderen recht zu machen?

Nicht, wenn Fürsorge richtig verstanden wird. Man kann aus zwei sehr verschiedenen Motivationen heraus für andere sorgen – zum einen können wir auf eine ungesunde Weise für andere sorgen und uns dabei scheinbar aufopfern, doch dahinter steht Angst oder Anhaftung. Wer von Lob, seinem guten Ruf, einer Beziehung und anderen

Dingen abhängig ist und Angst hat, sie zu verlieren, scheint manchmal die eigenen Bedürfnisse hintanzustellen, um für andere zu sorgen. Tatsächlich aber sucht er sich in unproduktiver Weise zu schützen. Solche Fürsorge entspringt nicht echter Liebe, sondern dem egozentrischen Streben nach dem eigenen Glück, das aber letzten Endes unglücklicher macht.

Andererseits kann man aber auch bei der Fürsorge von wirklicher Zuneigung geleitet sein, ganz im Sinne Buddhas. Diese Zuneigung ist nicht auf Gegenleistung aus, sondern beruht auf der Erkenntnis, dass alle Mitmenschen genau wie wir glücklich sein und Schmerz meiden wollen. Darüber hinaus haben sie uns alle entweder in früheren Leben zur Seite gestanden, oder sie tun es im gegenwärtigen Leben in ihrer Arbeit, die sie für die Gesellschaft übernehmen. Wenn wir unser Bewusstsein mit solchen Gedanken füllen, entsteht ganz natürliche Zuneigung für andere, und wenn wir ihnen beistehen wollen, dann aus dem wirklich empfundenen Wunsch heraus, sie glücklich zu sehen.

Gegenseitige Abhängigkeit entsteht nicht dadurch, dass ein Partner in einer Beziehung manipuliert, abhängig ist oder Forderungen stellt. Sie entsteht, wenn bei zwei oder mehreren Personen Anhaftung, Zorn und Angst einander in krankhafter Weise anfachen. Wenn der eine Partner aber das Sich-lösen geübt hat und aus echter Zuneigung und Teilnahme handelt, dann wird der andere, der ihn bewusst oder unbewusst zu manipulieren versucht, keinen Erfolg haben, denn wer solch klare Beweggründe hat, lässt sich nicht in ein Verhaltensmuster von krankhaften Abhängigkeiten hineinziehen.

4.
MEDITATION

Was ist Meditation?

Meditation wird heute zuweilen mit anderen Dingen verwechselt. Es handelt sich dabei nicht einfach um eine geistige und körperliche Entspannungstechnik, und sie ist auch nicht dazu da, sich vorzustellen, man habe Erfolg und prächtigen Besitz und lebe in einer guten Partnerschaft, man werde von anderen geschätzt und sei berühmt. Das sind alles lediglich Tagträume über Anhaftungsobjekte. Meditation bedeutet auch nicht, kerzengerade im Lotussitz mit abgeklärtem Gesichtsausdruck dazusitzen. Meditation ist eine geistige Aktivität. Selbst wenn wir den Körper in eine vorbildliche Ausgangslage gebracht haben, unsere Gedanken aber davonschießen und sich auf Objekte der Anhaftung oder des Zorns richten, kommt keine Meditation zustande. Meditation ist auch kein Zustand der Konzentration, wie wir ihn etwa beim Malen, Lesen oder einer anderen interessanten Tätigkeit erleben. Es geht auch nicht einfach darum, sich dessen bewusst zu sein, was man in jedem Augenblick tut.

Das tibetische Wort für Meditation ist *gom* und hat dieselbe Wurzel wie das Verb für „sich gewöhnen". Meditation bedeutet die Gewöhnung an konstruktive, realistische und heilsame Emotionen und Einstellungen. Im Bewusstsein werden heilsame Gewohnheiten eingeübt. Mit Hilfe der Meditation lassen wir in unseren Gedanken und Ansichten mehr Mitgefühl und Realitätssinn entstehen.

Wie können wir meditieren lernen? Welche Arten der Meditation gibt es?

Heutzutage wird viel Meditation gelehrt, und viele spirituelle Heilswege werden angeboten, doch wir sollten sie erst einmal unter die Lupe nehmen und uns nicht Hals über Kopf irgendwo hineinstürzen. Manche Menschen glauben, sie könnten ihre eigene Art der Meditation erfinden und bräuchten zum Lernen keinen erfahrenen Lehrer. Das ist äußerst unklug. Wenn wir meditieren wollen, müssen wir uns erst von einem ausgebildeten Lehrer unterweisen lassen. Dabei kann es nur von Vorteil sein, auf eine so verlässliche Quelle wie die Lehren Buddhas zurückzugreifen, denn sie sind von vielen Gelehrten und Meditierenden immer wieder studiert und erprobt worden und haben sich durch die Jahrhunderte bewährt. Eine solche Meditationspraxis entsteht nicht aus einer Laune heraus.

Wir wollen also zuerst auf die Lehre hören und durch Nachdenken darüber unser Verständnis vertiefen. Dann setzen wir durch Meditation das Gelernte um und nehmen es in unser Bewusstsein auf. So hören wir etwa Ausführungen, wie wir unsere Liebe zu allen Menschen gleichermaßen entwickeln können. Als Nächstes überprüfen wir das und erkunden, ob es möglich ist. Wir können jeden Schritt nachvollziehen, uns diesen Vorsatz der Liebe aneignen und uns in den verschiedenen Schritten üben, die zur Erfahrung dieser Art Liebe führen. Das ist Meditation.

Es gibt zwei allgemeine Arten der Meditation, die stabilisierende und die analysierende. Die Erstere soll helfen, Konzentration zu entwickeln, die Letztere, Verständnis und Einsicht zu fördern. Innerhalb dieser zwei Grundkategorien hat Buddha viele verschiedene Meditationstechniken gelehrt. Ein Beispiel für stabilisierende Meditation ist die Konzentration auf die Atmung und das Achten auf alle Vorgänge, die während der Atmung ablaufen. Das beruhigt uns und befreit vom dauernden inneren Selbstgespräch, so dass wir im Alltag ruhiger werden können und weniger zur Sorge neigen. Wir können uns auch Buddha bildlich vorstellen und mit seiner Hilfe unsere Gemütsverfassung stabilisieren und uns besser konzentrieren. In einigen nicht-buddhistischen Meditationsschulen wird empfohlen, eine Blume oder eine Kerze anzuschauen, um Konzentration zu entwickeln. Buddhistische Traditionen raten davon im Allgemeinen ab, denn Meditation ist eine Angelegenheit des Geistes, nicht der Sinne.

Andere Formen der Meditation helfen uns, Zorn, Anhaftung und Eifersucht dadurch unter Kontrolle zu bekommen, dass wir eine positive und realistische Einstellung entwickeln. Das sind die analysierenden oder kontrollierenden Meditationsformen. Wieder andere Meditationsbeispiele sind das Nachdenken über den Wert unseres Lebens als Menschen, über Vergänglichkeit und das Nichtvorhandensein eines „Daseins an sich". Dabei lernen wir, konstruktive Denkformen zu entwickeln, um zu unmittelbarer Erkenntnis zu gelangen und ohne abstrakte Weltbilder auszukommen.

Worin liegt der Nutzen der Meditation?

Indem wir durch Meditation heilsame Gewohnheiten einüben, verändert sich allmählich unser Alltagsverhalten. Wir ärgern uns weniger, es fällt uns leichter, Entscheidungen zu treffen, und unsere Unzufriedenheit und Unruhe lässt nach. Das sind die unmittelbaren Auswirkungen der Meditation. Doch unsere Motivation zum Meditieren sollte mehr im Blick haben als nur unser eigenes augenblickliches Wohlbefinden. Wenn wir den Beweggrund für das Meditieren darin sehen, dass wir uns auf zukünftige Leben vorbereiten und uns aus dem Kreislauf ständig sich wiederholender Probleme befreien wollen, oder darin, dass wir einen Zustand gänzlicher Erleuchtung zum Wohle aller Menschen erreichen wollen, wird unser Geist dabei im Hier und Jetzt natürlich auch zur Ruhe kommen. Und außerdem nähern wir uns diesen hohen und edlen Zielen.

Es ist außerordentlich gewinnbringend, sich eine feste Meditationspraxis anzugewöhnen – auch wenn es jeden Tag nur für kurze Zeit ist. Manch einer denkt: „Mein Tag ist so ausgefüllt mit Beruf, Familie und gesellschaftlichen Verpflichtungen, da kann ich nicht auch noch meditieren. Das verschiebe ich auf später, wenn ich weniger zu tun habe. Tägliche Meditation ist etwas für Mönche und Nonnen." Das stimmt nicht! Wenn uns Meditation hilft, sollten wir uns jeden Tag Zeit dafür nehmen. Auch wenn wir nicht meditieren wollen, ist es doch wichtig, dass wir uns jeden Tag eine Zeit der Stille vorbehalten. Wir brauchen Zeit, in der wir friedlich dasitzen und nachdenken darüber, was wir tun und warum wir es tun. Wir brauchen Zeit, ein Dharma-Buch zu lesen oder zu rezitieren. Zur Ausgeglichenheit gehört, mit sich selbst auskommen zu lernen und allein zufrieden zu sein. Sich eine Besinnungszeit zu gönnen, am besten morgens, bevor man den Tag anfängt, ist notwendig, besonders in unserer modernen Gesellschaft, wo jeder so beschäftigt ist.

Wir haben schließlich auch immer Zeit, uns körperlich zu ernähren, und lassen selten eine Mahlzeit aus, denn wir sehen ein, dass sie wichtig ist. Ebenso sollten wir Zeit übrig haben, um Herz und Seele zu nähren, denn auch sie sind für unser Wohlbefinden wichtig. Letztlich wird unser Geist – nicht unser Leib – zu künftigen Leben fortschreiten und im Karma die Spuren unseres Handelns mitnehmen. Die Übung des Dharma kommt nicht Buddha zugute, sondern uns. Im Dharma wird beschrieben, wie man die Grundlagen zur Glückseligkeit legt, und da wir alle danach streben, sollten wir den Dharma so oft wie möglich praktizieren.

In einigen buddhistischen Traditionen werden Visualisierungstechniken und Mantra-Rezitation angewendet, während andere davon abraten. Warum?

Buddha lehrte verschiedene Techniken, um den Neigungen verschiedener Menschen entgegenzukommen. Mit jeder der Techniken nähert man sich demselben Ziel, nur die Ausgangspunkte und Blickwinkel sind verschieden. So wird beispielsweise bei der Atemmeditation Wert darauf gelegt, sich auf das Atmen selbst zu konzentrieren. Dabei würde uns eine bildliche Vorstellung nur vom eigentlichen Gegenstand der Meditation, dem Atem, ablenken.

Bei einer anderen Meditationstechnik dagegen wird eine bildliche Vorstellung von Buddha zum Gegenstand der Meditation. So könnte zu einer Reinigungsmeditation die bildliche Vorstellung von Buddha gehören, der Licht ausstrahlt und in uns und alle, die wir uns um uns herum sitzend vorstellen, hineinstrahlt. Bei dieser Meditation macht man sich die natürliche Neigung unseres Bewusstseins, sich Dinge vorzustellen, zunutze und wandelt sie in einen Weg zur Erleuchtung um. Statt uns Ferien mit dem Freund oder der Freundin auszumalen und damit Anhaftung zu verstärken, stellen wir uns das heitere Gesicht Buddhas vor, das unsere Seele friedlich und ausgeglichen stimmt.

In ähnlicher Weise wird bei der Rezitation von Mantras die natürliche Neigung unseres Geistes zu Selbstgesprächen genutzt und zu einem Erleuchtungsweg umgewandelt. Statt unseren inneren Dialog über unsere Vorlieben und Abneigungen fortzuführen, rezitieren wir mit unserer inneren Stimme Mantras – das hilft uns, Konzentration zu entwickeln, und kann eine reinigende Wirkung auf den Geist haben.

Soll man besser eine oder verschiedene Arten der Meditation üben?

Das hängt von der spezifischen buddhistischen Tradition ab, der wir folgen, und von den Anweisungen unseres spirituellen Lehrers. Die Lehrer der tibetischen Traditionen werden in mehreren verschiedenen Arten der Meditation ausgebildet, weil viele verschiedene Aspekte unseres Charakters gefördert werden sollen. So üben wir vielleicht Atemmeditation, um Seelenruhe zu erreichen. Meditation über Liebe und Freundlichkeit soll dazu dienen, Mitgefühl und Sicheinsetzen für andere zu stärken. Mit der bildlichen Vorstellung von Buddha oder einer Gottheit, zusammen mit der Rezitation eines Mantra, wird der Geist von negativen karmischen Eindrücken gereinigt, und analytische Meditation in Verbindung mit Konzentration entwickelt die Einsicht in die Gehaltlosigkeit des Bestehenden. Wenn wir uns einen allgemeinen Überblick über den stufenweisen Weg zur Erleuchtung verschafft haben, wird uns der Zweck jeder Meditationsart einleuchten, und wir begreifen, welche Rolle sie auf dem Weg spielt. Dann können wir die verschiedenen Fähigkeiten und Seiten unseres Charakters entwickeln.

Kann man durch das Praktizieren seherische Kräfte entfalten? Lohnt es sich, ein solches Ziel zu verfolgen?

Ja, solche Fähigkeiten kann man entwickeln, aber darin liegt nicht das Hauptziel der Dharma-Übung. Es gibt Menschen, die finden die Aussicht, seherische Kräfte zu besitzen, ungeheuer aufregend. „Das muss ich unbedingt meinen Freunden erzählen! Alle werden mich für etwas ganz Besonderes halten und mich um Rat fragen!" So viel Egoismus kann hinter dem Wunsch, Hellseher zu sein, stecken! Solange wir noch zornig werden können und unsere Zunge nicht in der Gewalt haben, haben wir wenig davon, uns aufs Hellsehen zu stürzen. Der Wunsch nach seherischen Kräften, nur um berühmt und angesehen zu werden, lenkt nicht nur vom Übungsweg ab, er ist schlicht unvereinbar mit ihm. Es ist für uns und andere viel mehr gewonnen, wenn es uns gelingt, freundlich und altruistisch zu werden.

Ich wurde einmal von einem Kind gefragt, ob ich übersinnliche Kräfte hätte. Könnte ich durch Konzentration einen Löffel verbiegen? Könnte ich eine Uhr zum Stillstand bringen oder durch eine Wand gehen? Das habe ich verneint und dem Kind gesagt, es wäre auch völlig zwecklos, wenn ich es könnte. Würde dadurch das Leiden in der Welt weniger? Demjenigen, dessen Löffel ich verbiegen würde, hätte ich jedenfalls Schaden zugefügt. Schließlich geht es im Leben nicht darum, unser Ego aufzubauen, sondern Warmherzigkeit und ein Verantwortungsgefühl für die Allgemeinheit zu entwickeln und sich für den Frieden in der Welt einzusetzen. Liebende Zuwendung ist das eigentliche Wunder!

Wenn man ein mitfühlendes Herz hat, könnten seherische Kräfte anderen nützen. Aufrichtig praktizierende Buddhisten werden aber nicht mit ihren seherischen Kräften hausieren gehen – im Gegenteil, sie werden voller Bescheidenheit leugnen, solche Fähigkeiten zu besitzen. Buddha hat davor gewarnt, Hellsehen in der Öffentlichkeit vorzuführen, es sei denn, es ist zum Wohle anderer. Bescheidene Menschen hinterlassen einen tieferen Eindruck als Prahler, denn ihre heitere Gelassenheit und ihre Achtung für andere Menschen sind spürbar und erwärmen unser Herz. Menschen, die ihren Stolz überwunden haben, die anderen Menschen mit liebevoller Zuwendung begegnen und nach Weisheit streben, können wir vertrauen. Solche Menschen arbeiten für das Wohl anderer, nicht für ihr eigenes Ansehen oder zur Vermehrung ihres Reichtums.

Kann Meditation gefährlich werden? Es heißt, man könne dabei den Verstand verlieren. Stimmt das?

Wenn wir Meditation von einem erfahrenen Lehrer lernen, der uns nach einer verlässlichen Methode unterweist, und wenn wir seine Anweisungen befolgen, besteht keinerlei Gefahr. Meditieren heißt, heilsame geistige Gewohnheiten einzuüben, und das geschieht schrittweise. Daher ist es unklug, ohne richtige Anleitung an fortgeschrittene Übungen zu gehen. Wenn wir unsere Fähigkeiten allmählich aufbauen, wird es uns eines Tages gelingen, zu Buddhas zu werden.

5.
VERGÄNGLICHKEIT UND LEID

Im Buddhismus ist viel von Leid, Tod und Vergänglichkeit die Rede. Ist das nicht eine ungesunde und pessimistische Art, das Leben zu betrachten?

Das Wort „Leid" gibt das Wort aus dem Pali und Sanskrit, *dukha,* nur unzureichend wieder. Mit Dukha verbindet sich eine unbefriedigende Erfahrung, also im Grunde alles in unserem Leben, was nicht gerade bestens ist. Nun werden die meisten von uns nicht ständig bewusst leiden, jedoch ohne weiteres zugeben, dass in unserem Leben nicht alles vollkommen ist. Selbst wenn es uns relativ gut geht, gibt es keinerlei Garantie dafür, dass es so weitergehen wird. Ein kleiner Zwischenfall kann alles verändern. Das ist mit „unbefriedigender Erfahrung" gemeint. Buddha hat damit nur unsere gegenwärtige Lage beschrieben – auf realistische, nicht pessimistische Weise. Sinn dieser Beschreibung war es, uns zu helfen, uns aus dieser Lage zu befreien.

So ist es denn auch nicht der Sinn unserer Betrachtung von Vergänglichkeit, Tod und unbefriedigenden Erfahrungen, uns zu bedrücken und uns die Freude am Leben zu nehmen. Es geht viel mehr darum, uns von Anhaftungen und falschen Erwartungen zu lösen. Wenn uns diese Dinge ängstigen und bedrücken, haben wir nicht die richtige Einstellung zu ihnen gefunden. Wenn wir darüber meditieren, sollte unser Geist ruhig und hellsichtig werden, denn dabei verringert sich die klammernde Anhaftung und die damit verbundene Verwirrung in unserem Leben.

Jetzt wird unser Bewusstsein noch allzu leicht von falschen Projektionen überwältigt, die durch Anhaftung entstanden sind. Wir sehen Menschen und Sachen in einem unrealistischen Licht. Obwohl die Dinge sich von einem Augenblick zum anderen verändern, erscheinen sie uns gleichbleibend und unveränderlich. Deshalb sind wir bestürzt, wenn sie vergehen. Auch wenn wir sagen: „Alles ist vergänglich", ist das doch unvereinbar mit der uns angeborenen Betrachtungsweise, mit der wir fälschlicherweise annehmen, unser Leib und die Menschen, die wir lieben, seien unveränderlich. Aus dieser unrealistischen Betrachtungsweise erwächst uns Schmerz, weil die Erwartungen, die wir an Dinge und Menschen stellen, nicht erfüllt werden können. Die Menschen, die wir lieben, können nicht ewig leben, eine Beziehung zu einem Menschen bleibt nicht gleich, das neue Auto bleibt auch nicht immer so neu und glänzend wie unmittelbar nach dem Kauf. So bedeutet es immer eine Enttäuschung, wenn wir von Menschen, die wir lieben, Abschied nehmen müssen, wenn Dinge, die wir besitzen, kaputtgehen, wenn unser Leib altert und schwach wird. Wenn wir diese Dinge realistischer sehen könnten und ihre Vergänglichkeit – nicht nur in Worten – akzeptieren könnten, käme es nicht zu einer solchen Enttäuschung.

Über Vergänglichkeit und Tod nachzudenken enthebt uns auch vieler unnötiger Sorgen, die uns daran hindern, fröhlich und entspannt zu sein. Gewöhnlich ärgert es uns, wenn uns jemand kritisiert oder beschimpft. Wir sind zornig, wenn man unser Eigentum stiehlt, und reagieren eifersüchtig, wenn jemand anders an unserer Stelle befördert wird. Wir sind auf unser Aussehen oder unsere sportlichen Leistungen stolz. All diese Empfindungen hinterlassen störende Eindrücke in unserem Bewusstseinsstrom und führen zu künftigen Schwierigkeiten. Wenn wir uns aber die vorübergehende Natur dieser Dinge klar machen, akzeptieren wir, dass unser Leben endlich ist und wir keines dieser Dinge in den Tod mitnehmen können. Wenn wir das begriffen haben, werden wir aufhören, diesen Dingen allzu große Bedeutung zuzumessen, und sie werden uns weniger Kopfzerbrechen machen.

Das bedeutet nun nicht, dass wir anderen Menschen und unserer Umgebung gegenüber gleichgültig werden. Im Gegenteil, wenn wir uns von der falschen Vorstellung von Dauer und von den störenden Emotionen, die dadurch entstehen, lösen, werden wir hellsichtiger werden und die Dinge um ihrer selbst willen genießen können. Wir leben dann mehr in der Gegenwart und genießen die Dinge, wie sie gerade sind, ohne uns vorzustellen, was aus ihnen werden sollte oder könnte. Wir zerbrechen uns weniger den Kopf über kleine Dinge und sind beim Meditieren weniger abgelenkt. Es macht uns weniger aus, wie andere uns behandeln. Durch unser Nachdenken über Vergänglichkeit und unbefriedigende Erfahrungen gelingt es uns eher, mit unerfreulichen Ereignissen fertig zu werden, die uns im Kreislauf der sich ständig wiederholenden Probleme zustoßen. Kurz, wenn wir zur Einsicht in diese Wahrheiten kommen, erreichen wir einen gesünderen Seelenzustand.

So bringt uns das Begreifen unserer Sterblichkeit dazu, intensiv darüber nachzudenken, was uns wichtig ist im Leben und wie wir unsere Prioritäten setzen. Wenn wir das tun, kommt neue Kraft in unser Leben, und wenn es Zeit wird zum Sterben, haben wir nichts zu bedauern. Es stirbt wohl kaum jemand mit dem Gedanken: „Ich hätte mehr Überstunden machen sollen" – wohl aber sterben Menschen mit dem Bedauern darüber, dass sie andere schlecht behandelt haben oder dass sie denen, die sie liebten, das nicht gesagt haben. Im Sterben bedauern Menschen, dass sie sich im Leben zu wenig im Spirituellen geübt haben. Indem wir jetzt schon über den Tod nachdenken, werden wir zu unseren Lebzeiten das tun, was wichtig ist. Das erspart uns solches Bedauern, wenn wir einmal ans Sterben kommen.

Warum gibt es Leid? Was können wir dagegen tun?

Unbefriedigende Erfahrungen kommen einfach deshalb zustande, weil es Ursachen für sie gibt. Eine Ursache sind unsere störenden Haltungen wie Unwissenheit, Anhaftung und Zorn. Die andere ist unser Handeln zum Schaden anderer, wie Töten, Stehlen und Lügen, das aus den störenden Haltungen heraus entsteht. Indem wir die Weisheitsstufe der Selbstlosigkeit erreichen, löschen wir die störenden Haltungen und die daraus entstehenden Handlungen aus. Damit ersticken wir die Probleme im Keim. Die leidvollen Folgen bleiben also aus, und stattdessen leben wir im Nirwana, einem Zustand andauernder Glückseligkeit. Bis wir aber zu dieser Weisheitsstufe gelangt sind, müssen wir durch Reinigungsübungen verhindern, dass unsere vergangenen destruktiven Handlungen Früchte tragen. Buddha hat auch viele Techniken gelehrt, wie aus schwierigen Umständen ein Weg zur Erleuchtung gebahnt werden kann. Darüber können wir uns kundig machen und die Techniken anwenden, wenn wir auf Schwierigkeiten stoßen.

Müssen wir leiden, um den befreiten Zustand des Nirwana zu erreichen? Müssen wir der Welt entsagen, um ein Buddha zu werden?

Die Lehre Buddhas zu praktizieren führt zu Glück, nicht zu Schmerz. Der geistige Weg selbst ist nicht mit Schmerz verbunden, und im Ertragen von Leid liegt kein besonderes Verdienst. Wir haben schon genug Schwierigkeiten, also ist es wenig sinnvoll, uns im Namen der Religion noch mehr Leiden aufzuerlegen. Das heißt jedoch nicht, dass wir nicht auf Probleme stoßen, wenn wir den Dharma praktizieren. Es kann sein, dass unsere früheren destruktiven Handlungen, die nicht haben gereinigt werden können, Früchte tragen und zu Problemen führen, nachdem wir uns auf den Weg begeben haben. Sollte das geschehen, können wir mit verschiedenen von Buddha gelehrten Techniken einen Weg zur Erleuchtung finden. Manchmal können unser Zorn, unsere Anhaftung oder unsere Eifersucht stark werden und uns beim Üben in starke Unruhe versetzen. Das geschieht, weil diese störenden Haltungen noch nicht völlig beseitigt sind. Schließlich macht uns die Tatsache, dass wir uns eine Zeit lang im Dharma geübt haben, nicht gleich zu Buddhas. Wenn wir Geduld mit uns selbst haben und erkennen, dass die Reinigung unseres Geistes Zeit braucht, können wir Buddhas Lehre anwenden, um diese Gefühle zu überwinden.

Wenn auch in Übersetzungen buddhistischer Schriften oft das Wort Entsagung vorkommt, gibt es doch nicht die genaue Bedeutung des Begriffs wieder. Es trifft den Sachverhalt besser, wenn wir sagen, dass wir die Entschlossenheit entwickeln müssen, uns aus dem zyklischen Dasein zu befreien. Den Menschen und den Dingen entsagen müssen wir deshalb nicht. Wir müssen nur unsere Anhaftung an sie aufgeben. Die Welt selbst ist im Grunde durchaus in Ordnung – das Störende liegt in unserer Einstellung zu ihr. Geld zum Beispiel ist nicht das Problem – das ist nur Papier. Wenn wir aber am Geld hängen und es zu erraffen suchen, können daraus ganz gewaltige Probleme entstehen. Solche vom Weg abführenden und schädlichen Einstellungen müssen unbedingt aufgegeben werden. Gewiss, wenn wir einer Sache sehr verfallen sind, ist es sicher sinnvoll, zeitweise Abstand zu gewinnen, um dem starken Verlangen Einhalt zu gebieten. Wer eine Leidenschaft für Eis hat, soll besser um die Eisdiele einen Bogen machen! Wenn wir später ausgeglichener und altruistischer geworden sind, können wir aber vielleicht sogar den Gegenstand unserer Anhaftung zum Nutzen anderer einsetzen.

Im Buddhismus ist die Rede davon, unser Leid zu akzeptieren, aber auch davon, uns vom Leiden zu befreien. Ist das nicht ein Widerspruch?

Nein. Unsere Schwierigkeiten zu akzeptieren heißt nicht, apathisch zu werden und Leiden resignierend hinzunehmen. Vielmehr entspricht unsere Erfahrung in einem bestimmten Moment – wie auch immer sie geartet sein mag – der Realität dieses Augenblicks. Sie nicht zu akzeptieren hieße, mit der Wirklichkeit in Konflikt zu geraten. Wir können aber akzeptieren, dass wir uns im Augenblick in einer unglücklichen Lage befinden, und doch zugleich daran arbeiten, uns von zukünftigen unbefriedigenden Erfahrungen zu befreien. Indem wir beispielsweise die flüchtige Natur dieser Welt akzeptieren, werden wir nicht mehr die Dinge zu steuern versuchen, die aufgrund ihres Wesens nicht steuerbar sind. Wir werden in Ruhe annehmen, was uns das Leben bringt, und gleichzeitig daran arbeiten, anderen zu nützen – von altruistischem Streben beseelt, das in jedem Menschen die Fähigkeit sieht, Leiden zu überwinden und zur Erleuchtung zu gelangen.

6.
ICHLOSIGKEIT

Haben Ichlosigkeit und Leerheit dieselbe Bedeutung? Worin liegt der Vorteil, sich Ichlosigkeit oder Leerheit bewusst zu machen?

Im Allgemeinen werden diese beiden Begriffe synonym gebraucht. Wenn man sie eingehend philosophisch betrachtet, besteht allerdings ein Unterschied. Indem wir uns Leerheit bewusst machen, können wir unseren Geist von allen Verzerrungen und Trübungen befreien. Gegenwärtig ist unser Geist von Unwissenheit getrübt: So wie wir uns selbst und andere Phänomene sehen, sind sie in Wirklichkeit nicht – ähnlich wie bei Menschen, die ständig eine Sonnenbrille tragen und dadurch alles dunkel sehen, bis sie schließlich glauben, dass die Dinge tatsächlich so dunkel sind. Wenn sie ihre Sonnenbrille aber abnähmen, würden sie feststellen, dass die Dinge in anderer Form existieren.

Der Blickwinkel der Unwissenheit lässt sich durch eine weitere Analogie veranschaulichen: Zuschauer sehen einen Film und glauben, die Personen auf der Leinwand seien real. Die Zuschauer nehmen gefühlsmäßig großen Anteil am Schicksal der Personen. Sie hängen ihr Herz an den Helden und reagieren feindselig auf jeden, der ihn bedroht. Die Zuschauer schreien vielleicht sogar manchmal auf, zucken zurück oder springen von ihren Sitzen hoch, wenn ihrem Helden etwas zustößt. Nun sind diese Reaktionen natürlich maßlos übertrieben, denn auf der Leinwand sind keine wirklichen Menschen zu sehen. Es sind nur Projektionen, die durch Film, Projektor und Leinwand zustande kommen. Auf das Begreifen der Leerheit übertragen bedeutet das: Man begreift, dass der Film leer ist in dem Sinne, dass er keine wirklichen Menschen enthält. Dennoch gibt es Bilder von handelnden Personen, je nach Film, Schauspielern, Drehbuch und so weiter. Wenn wir das begriffen haben, können wir immer noch den Film genießen, ohne emotional gebeutelt zu werden, wenn der Held seine Abenteuer besteht.

Indem wir die Weisheitsstufe der direkten Wahrnehmung der Leerheit erreichen, erkennen wir das Wesen unserer eigenen Existenz und das anderer Phänomene. Sie enthalten keine Projektionen, wie unsere Vorstellung sie entwirft – die wichtigste dieser Projektionen ist, dass sie ein Eigendasein führen. Wenn wir die Weisheitsstufe der Erkenntnis der Wirklichkeit erreicht haben, können wir uns allmählich von den Fesseln der Unwissenheit und ihren Verzerrungen der Wirklichkeit befreien. Indem wir uns allmählich mit dem Gedanken der Leerheit vertraut machen, beseitigen wir nach und nach alle Unwissenheit, Anhaftung und Eifersucht, allen Zorn und Stolz und alles, was sonst stört, aus unserem Bewusstseinsstrom. Dadurch werden wir nicht mehr in die destruktiven Handlungen hineingezogen, die sie bewirken. Einmal befreit vom Einfluss der Unwissenheit, von negativen Emotionen und den aus ihnen entstehenden Handlungen, sind wir auch von den Ursachen unserer Probleme befreit, die damit ebenfalls verschwinden. Mit anderen Worten, die Erkenntnis der Leerheit ist der wahre Weg zur Glückseligkeit.

Was ist unter dem Satz zu verstehen: „Alle Menschen und alle Phänomene sind von wahrem oder inhärentem Dasein entleert“?

Das bedeutet, dass Menschen wie du und ich und alle anderen Phänomene (Tische usw.) entleert sind von den imaginierten Eigenschaften, die wir auf sie projizieren.

Eine der Haupteigenschaften, die wir ihnen irrtümlich zuerkennen, ist ihre Existenz aus sich selbst heraus: dass es für ihre Existenz weder Ursache noch Bedingungen, noch Bestandteile gibt, noch ein Bewusstsein, das ihnen ihren Namen gibt. So scheinen uns die Dinge so etwas wie eine eigentliche Natur zu haben, als seien sie wirklich da, als könnten wir diese realen, unabhängigen Einheiten finden, wenn wir nur nach ihnen suchten. Sie scheinen vorhanden zu sein, unabhängig von den Ursachen und Bedingungen ihres Entstehens, unabhängig von ihren Bestandteilen und unabhängig vom Bewusstsein, das sie erkennt und benennt. Dieser Anschein von wahrhaft unabhängigem Vorhandensein wird von unserem Bewusstsein als real empfunden.

Wenn wir aber die Dinge einer Analyse unterziehen, um festzustellen, ob die Dinge ein solches unabhängiges Dasein haben, wie es oberflächlich den Anschein hat, stellen wir fest, dass das nicht der Fall ist. Sie sind frei von unseren Phantasien und Projektionen. Sie existieren zwar, aber in Abhängigkeit, denn sie bestehen aufgrund von Ursachen und Bedingungen, sie bestehen aus Teilen, aus denen sie sich zusammensetzen, und sie bedürfen eines Geistes, der sie erfasst und benennt.

Wenn nun alle Menschen und Phänomene nicht aus sich selbst heraus bestehen oder leer sind, heißt das, das nichts existiert?

Doch, die Phänomene und die Menschen gibt es. Schließlich schreibe ich diesen Text, und Sie können ihn lesen. Leerheit ist nicht gleichbedeutend mit Nihilismus. Vielmehr sind die Menschen und die Phänomene leer – frei von den Phantasien und Projektionen, die wir ihnen überstülpen. Ihnen fehlt, was unsere falschen Vorstellungen hinzutun. Wenn sie auch nicht in der Form existieren, wie sie uns gegenwärtig erscheinen, gibt es sie doch. Das heißt, sie bestehen nicht unabhängig, sondern in Abhängigkeit. So sieht zum Beispiel jemand durch eine dunkle Sonnenbrille dunkle Bäume. Die Bäume gibt es – nur nicht so, wie sie dem Menschen mit der Sonnenbrille erscheinen.

Heißt Leerheit erkennen einen leeren Geist, frei von allen Gedanken, haben?

Nein. Wenn Leerheit direkt wahrgenommen wird, ist der Geist frei von Gedanken und Begriffen. Einfach alle Gedanken aus unserem Geist zu vertreiben – was ja zu angenehmer Ruhe führen könnte – bedeutet nicht, Leerheit zu erfassen. Schließlich haben etwa Kühe einen ziemlich leeren Geist, insofern sie kaum begrifflich denken dürften, aber Leerheit verstehen sie nicht. Um Leerheit zu begreifen, muss man zunächst verstehen, worin die Leerheit besteht – dass den Dingen kein unabhängiges Dasein zukommt. Erst dann wird einem klar, dass unabhängige Existenz ein Hirngespinst ist, das es nie gegeben hat.

Wir Menschen empfinden manchmal eine Leere in unserem Leben. Ist das dieselbe Leere, von der Buddha spricht?

Nein. In der Alltagssprache sagen wir, dass Menschen eine Leere in sich fühlen, wenn sie kein Ziel haben, keine enge Beziehung zu anderen Menschen oder wenn sie in ihrem Leben keinen Sinn sehen. Es handelt sich also um einen Mangel an äußeren Kontakten, an klaren persönlichen Zielen oder an innerer Ruhe. Dem kann man durch den Aufbau von Selbstbewusstsein beikommen, dadurch, dass man Prioritäten setzt und unrealistische Erwartungen aufgibt.

Die Leerheit aber, von der Buddha sprach, betrifft die Erscheinungsform von Phänomenen. Gemeint ist, dass sie keine unabhängige Existenz haben. Das bedeutet, dass die Dinge nicht aus sich heraus und von allen anderen Dingen unabhängig vorhanden sind. Leerheit zu begreifen führt zu einem Gefühl von Reichhaltigkeit und Sinn in unserem Leben, denn wir sind frei von allen einschränkenden Missverständnissen und störenden Emotionen. Diese Leerheit kann man begreifen, wenn man Buddhas Lehren studiert, über sie nachdenkt und meditiert.

Psychologen sagen uns, dass ein starkes Ich-Gefühl für die seelische Gesundheit wesentlich ist. Nun scheint der Buddhismus zu sagen, dass es kein Ich gibt. Wie lassen sich die beiden Standpunkte vereinbaren?

Wenn Psychologen von einem Ich-Gefühl sprechen, verstehen sie darunter, dass man sich als leistungsfähig, selbstbewusst und handlungsfähig erlebt, und der Buddhist würde zustimmen, dass eine solche Selbsteinschätzung sowohl realistisch als auch notwendig ist. Ein unrealistisches Ich-Gefühl dagegen bestünde in der Vorstellung von einem starren, unveränderlichen und unabhängigen Ich. Das hat es nie gegeben und wird es nie geben. Wer das versteht, hat die Leerheit begriffen.

So seltsam es klingen mag, ein psychologisch gesehen schwach entwickeltes Ich könnte im buddhistischen Sinne eine stark entwickelte Selbstwahrnehmung haben. So lenkt etwa jemand mit geringer Selbstwertschätzung den Blick sehr auf sich selbst und hat das starke Gefühl, dass es da ein unabhängiges Ich gibt, das minderwertig, nicht liebenswert und ein Versager ist. Vom buddhistischen Standpunkt gibt es ein solches unabhängiges Ich nicht, ein Ich im konventionellen Sinne dagegen schon.

Auf welche Art kann man am besten erfahren, dass es keine unabhängige Existenz gibt?

Diese Einsicht ist schwer zu erlangen und gelingt erst auf fortgeschrittenen Stufen des Weges. Wir müssen also dieses Verständnis langsam entwickeln. Der Weg zu Befreiung und Erleuchtung ist ein allmählicher und führt über mehrere Stufen. Zuerst erarbeiten wir die elementaren Aspekte des Weges: die Anerkennung der Vergänglichkeit, die Entscheidung, sich der Weisheit anzuvertrauen, die Entschlossenheit, sich aus dem zyklischen Dasein zu befreien, Liebe und Mitgefühl. Dann hören wir von kenntnisreichen und mitfühlenden geistigen Lehrmeistern die Lehre über Leerheit. Beim Nachdenken und Diskutieren über diese Lehren werden sie uns klarer werden. Wenn wir erst einmal eine klare Vorstellung von dem Gegenstand haben, können wir ihn mit Hilfe der Meditation in unserem Bewusstsein verankern.

Eine Meditationsübung zur Leerheit des Menschen heißt Vier-Schritt-Analyse. Im ersten Schritt identifizieren wir den negierten Gegenstand – also das, was angeblich eigenständig vorhanden ist, tatsächlich aber nicht existiert. Dazu vergegenwärtigen wir uns eine Zeit, in der wir von stark negativen Gefühlen besetzt waren, als uns zum Beispiel jemand zu Unrecht beschuldigte und wir ganz stark die Rebellion eines „unabhängigen Ich" spürten. In einem zweiten Schritt wollen wir feststellen, ob es ein solches unabhängiges Ich gibt, denn dann müsste es ja entweder völlig eins mit dem Körper oder mit dem Geist sein, oder es müsste ganz anders als beide geartet sein. Wir richten also unsere Aufmerksamkeit auf dieses Gefühl eines unabhängigen Ichs und machen uns auf die Suche nach ihm. Wir erforschen unseren Körper, ob irgendein Teil davon das eigentliche Ich ist. Wir erforschen unseren Geist, ob es einen Geistes- oder Bewusstseinszustand gibt, der als Ich angesprochen werden kann. Das ist der dritte Schritt. In einem vierten suchen wir zu ergründen, ob sich das Ich vielleicht irgendwo anders, getrennt von Körper und Geist, befindet. Nachdem wir festgestellt haben, dass es ein solches unabhängiges Ich nirgendwo gibt, können wir schließen, dass es nicht existiert. In diesem Nichtvorhandensein eines aus sich selbst existierenden Ich besteht die Leerheit des Menschen. Darauf können wir nun unsere ganze Aufmerksamkeit richten.

Bei der Leerheits-Meditation müssen wir aber aufpassen, nicht dem Extrem des Nihilismus zu verfallen und zu glauben, dass es überhaupt kein Ich gibt. Es gibt zwar kein unabhängiges Ich, aber das abhängige, konventionelle Ich ist durchaus vorhanden.

7.

WISSENSCHAFT, SCHÖPFUNG UND WIEDERGEBURT

In welchem Verhältnis steht der Buddhismus zur Wissenschaft?

Beide haben viel Gemeinsames – beispielsweise stützen sie sich beide auf Logik und Untersuchungen, um das Wesen von Erscheinungen zu bestimmen. Beide halten nichts von blindem Glauben und ermutigen Studenten, unabhängig zu forschen. Der Buddhismus widerspricht nicht den heutigen wissenschaftlichen Theorien über den Ursprung des Universums oder die Evolutionsgeschichte der Menschheit. Seine Heiligkeit der Dalai Lama hat sogar gesagt, wenn Erkenntnisse der Wissenschaft mit buddhistischen Schriften im Widerspruch stünden, müssten Buddhisten dieses neue Wissen akzeptieren. Wenn aber die Wissenschaft nicht den Gegenbeweis antreten kann zu dem, was in den buddhistischen Schriften steht, so besteht kein Anlass, von dieser Sichtweise abzugehen. So haben Wissenschaftler zwar noch nicht nachweisen können, dass es eine Wiedergeburt gibt, aber den Gegenbeweis sind sie auch schuldig geblieben.

Sowohl die Wissenschaft als auch der Buddhismus berufen sich auf Ursache und Wirkung, um das Funktionieren von Dingen zu erklären. Die Wissenschaft erforscht die Zusammenhänge von Ursache und Wirkung in der materiellen Welt, während der Buddhismus das Gleiche im geistigen Bereich tut.

Beide betonen die Relativität von Phänomenen. Die Dinge hängen von Ursachen ab wie auch von ihren Bestandteilen, und das Bewusstsein beobachtet und benennt sie. Dessen werden sich die Quantenphysiker im Laufe ihrer Experimente immer mehr bewusst. Sie erkennen, dass der Experimentierende keine unabhängige Instanz ist, die äußere Phänomene objektiv beobachtet. Vielmehr beeinflusst er die Ergebnisse seines Experiments schon durch die Tatsache, dass er sie beobachtet. Daraus ergibt sich ein Bezug zu Buddhas Lehre vom Nichtvorhandensein einer Existenz aus sich heraus, die ja die Interdependenz zwischen dem Bewusstsein und dem wahrgenommenen Objekt betont.

Viele Wissenschaftler sind der Ansicht, es sei unmöglich, die kleinsten, materielosen Partikel zu finden, aus denen alle Materie besteht. Der Buddhismus teilt die Auffassung, dass es unmöglich ist, diese kleinsten unabhängigen Teilchen zu isolieren. Dennoch hat Seine Heiligkeit der Dalai Lama Wissenschaftlern gegenüber ein in Abhängigkeit existierendes „Raumpartikel" erwähnt, das das Potential aller Elemente des Universums enthält. Was genau unter einem „Raumpartikel" zu verstehen ist und in welchem Verhältnis es zu wissenschaftlichen Theorien und Entdeckungen steht, muss noch geklärt werden.

Die buddhistische Vorstellung, dass alles in Abhängigkeit voneinander entsteht, kann auch auf das Gebiet der Neurologie angewandt werden, wo die Wahrnehmung nicht als ein isoliertes Phänomen, sondern als das Zusammenkommen verschiedener Faktoren gesehen wird. So wie Wissenschaftler sagen, es sei unmöglich, eine bestimmte Zelle oder einen elektrochemischen Prozess herauszugreifen, der Wahrnehmung ausmacht, so sagt der Buddhist, dass Wissen von verschiedenen Faktoren abhängt, von denen keiner allein und aus sich heraus Wahrnehmung ausmacht.

Immer mehr Wissenschaftler entwickeln ein Interesse am Buddhismus, und einige buddhistische Gelehrte studieren moderne Naturwissenschaften. Seine Heiligkeit der Dalai Lama hat an mehreren Tagungen, an der auch

Wissenschaftler beteiligt waren, teilgenommen, und das Ergebnis war für alle Beteiligten ein Gewinn. Darüber hinaus legt er Mönchen und Nonnen nahe, sich mit den Naturwissenschaften vertraut zu machen und wissenschaftliche Positionen in ihre Diskussionsbeiträge aufzunehmen.

Wie kam die Welt zustande?

Alles, was entsteht, ergibt sich aus den Ursachen, aus denen es hervorgeht. Aus nichts kann auch nichts entstehen. Die Welt aus physischen Erscheinungen, die wir um uns sehen, entstand aus vorausgehenden Gestaltmomenten. Damit befassen sich viele Wissenschaftler. Zur Zeit sind sie sich über die Theorie des Urknalls einig, die besagt, dass alle Gestalten dieses Universums einmal ganz stark verdichtet waren. Doch auch die Materie, die vor dem Urknall existierte, lässt sich auf Ursachen zurückführen, als eine Fortsetzung der Existenz feinerer physikalischer Elemente, die ihrerseits wieder eine Fortsetzung von Universen waren, die vor unserem Universum bestanden. So lässt sich die Kontinuität des Gestaltwandels bis ins Unendliche zurückverfolgen.

Was ist Geist?

Unser Geist ist die Gesamtheit unserer emotionalen und kognitiven Erfahrung. Dazu gehört nicht nur das Bewusstsein, das die Objekte der Sinnenwelt wahrnimmt – Formen und Farben, Geräusche, Gerüche, Geschmack und Tastbares –, sondern auch das geistige Bewusstsein, das denkt und die Fähigkeit hat, auch subtilere Dinge wie Leerheit wahrzunehmen. Im buddhistischen Sinn umfasst das Wort Geist auch, was wir unter Herz verstehen – wenn wir etwa sagen, ein Mensch hat Herz. Um die Kontinuität des Bewusstseins hervorzuheben, verwenden wir das Wort „Bewusstseinsstrom“. Jeder Mensch hat seinen eigenen Geist oder Bewusstseinsstrom. Der Geist ist gestaltlos, doch das Gehirn ist Teil unseres Körpers. Körper und Geist sind also voneinander verschieden. Während der Geist nicht aus Materie besteht, ist der Körper Materie, zusammengesetzt aus Atomen.

In welchem Verhältnis stehen Geist und Gehirn zueinander?

Das Gehirn ist ein körperliches Organ, das naturgemäß aus Atomen besteht, und der Geist ist gestaltlos und zeichnet sich durch Klarheit und Aufmerksamkeit aus. Solange wir leben, beeinflussen Gehirn und Geist einander. Das Gehirn unterstützt unsere Sinneswahrnehmung und unser allgemeines Bewusstsein auf körperlicher Ebene. Wenn Gehirn und Zentralnervensystem geschädigt werden, wird der Geist in seiner Funktion beeinträchtigt. Ebenso hat unser Geisteszustand – etwa Erregung oder Ruhe – Auswirkungen auf unsere körperliche Gesundheit und das Zentralnervensystem.

Nun gibt es differenziertere Ebenen des Bewusstseins, die nach buddhistischer Lehre nicht an körperliche Unterstützung gebunden sind. Ein Beispiel dafür ist die allerhöchste dieser Bewusstseinsebenen, die sich im nächsten Leben fortsetzt. Wer genug Übung hat, kann auf dieser höchsten Bewusstseinsebene noch nach dem Hirntod weiter meditieren. Das gelang etwa Kyabje Ling Rinpoche, dem früheren Lehrer Seiner Heiligkeit des Dalai Lama, noch dreizehn Jahre, nachdem er aufgehört hatte zu atmen. Das ist für Wissenschaftler ein hoch interessanter Studiengegenstand, und Seine Heiligkeit der Dalai Lama hat sich einverstanden erklärt, dass die Hirnfunktionen der fortgeschrittenen Praktizierenden zum Zeitpunkt ihres Todes und danach gemessen werden. Das ist allerdings äußerst schwierig zu verwirklichen, denn die Wissenschaftler müssen mit ihrer Ausrüstung in Indien bereitstehen, wenn der Praktizierende stirbt.

Was versteht man unter Wiedergeburt?

Wiedergeburt heißt, dass das Bewusstsein eines Menschen sich unter dem Einfluss von Unwissenheit und belastetem Handeln einen Körper nach dem anderen sucht. Solange wir leben, besteht eine Verbindung zwischen Körper und Geist, doch mit dem Tod trennen sie sich und gehen ihre eigenen Wege. Der Körper wird zur Leiche, und der Geist sucht sich einen anderen Körper.

Dieser Vorgang der Wiedergeburt, bestimmt von Unwissenheit und belastetem Handeln, ist das zyklische Dasein, der Kreislauf der immer wiederkehrenden Probleme, den wir erleben. Im zyklischen Dasein können empfindende Wesen in jeder der sechs Lebensformen wiedergeboren werden. In manchen dieser Lebensformen – denen der Hölle, der hungrigen Geister und der Tiere – erfährt man mehr Leid als Glück. Andere Lebensformen – Menschen, Halbgötter und Götter – sind überwiegend glückliche Wiedergeburten. Unter all diesen Lebensformen werden die Wesen immer wieder geboren, bis sie ihre Unwissenheit abgelegt und den Zustand der Befreiung erreicht haben.

Wo liegt der Anfang des Bewusstseins? Wer oder was hat es geschaffen?

Jeder Augenblick in unserem Bewusstsein ist eine Fortsetzung des vorangehenden Augenblicks. Wer wir sind, wie wir denken und fühlen, wird bestimmt von dem, der wir gestern waren, und weil unser heutiges Bewusstsein eine Fortführung des gestrigen ist, können wir uns auch erinnern, was in der Vergangenheit geschah. Die Ursache des augenblicklichen Bewusstseins liegt also im Voraufgegangenen, und diese Kontinuität lässt sich bis in die Kindheit und bis in den Mutterleib zurückverfolgen. Unseren Bewusstseinsstrom gab es sogar schon vor der Empfängnis, und was davor lag, war an einen anderen Körper gebunden.

Unser Bewusstsein hat keinen Anfang und setzt sich in die Unendlichkeit fort. Das ist vielleicht am Anfang schwer zu begreifen, aber mit Hilfe einer Zahlenreihe lässt es sich recht gut veranschaulichen: Wenn wir von der Nullstelle nach links schauen, so gibt es keine erste negative Zahl, und nach rechts gibt es keine letzte, höchste Zahl. Es lässt sich immer noch eine weitere hinzufügen. In gleicher Weise hat auch unser Bewusstseinsstrom weder Anfang noch Ende. Hinter uns allen liegt eine unendliche Zahl von Wiedergeburten, und unser Bewusstsein wird unendlich fortdauern.

Es ist im Grunde gar nicht möglich, dass unser Bewusstsein einen Anfang hätte, denn da jeder Augenblick des Bewusstseins auf dem vorhergehenden beruht, hieße das ja, ein solcher erster Moment des Bewusstseins hätte entweder keine Ursache oder eine andere als den voraufgehenden Bewusstseinsmoment. Beides ist unmöglich, denn Bewusstsein kann innerhalb seines eigenen Kontinuums nur aus dem voraufgehenden Bewusstseinsaugenblick hervorgebracht werden. Indem wir unseren Bewusstseinsstrom reinigen, können wir dafür sorgen, dass unser künftiges Dasein besser als das augenblickliche sein wird.

Was verbindet ein Leben mit dem nächsten? Gibt es eine Seele, ein Atman, ein Ich oder eine reale Persönlichkeit, die von einem Leben ins nächste übergeht?

In unserem Bewusstsein gibt es grobe und differenzierte Ebenen: Das Sinnenbewusstsein, mit dem wir sehen, hören, riechen, schmecken und tasten, und das allgemeine Bewusstsein, also die Denkfähigkeit, funktionieren, solange wir leben. Wenn wir sterben, hören sie auf zu arbeiten und gehen in die differenzierten, schließlich extrem subtilen Bewusstseinsebenen über. Dieses äußerst subtile Bewusstsein trägt die Spuren unseres Handelns, das Karma. Nach dem Tode verlässt dieses fortdauernde subtile

Bewusstsein, das weder statisch ist noch unabhängig existiert, den Körper, tritt in einen Zwischenzustand ein und wird dann in einem anderen Körper wiedergeboren. Sobald sich das subtile Bewusstsein bei der Empfängnis mit dem nächsten Körper vereinigt hat, entstehen wieder das Sinnenbewusstsein und das allgemeine Bewusstsein, und das Wesen sieht, hört, denkt. Dieses extrem subtile Bewusstsein, das von einem Leben zum nächsten übergeht, ist eine ständig sich wandelnde, abhängige Erscheinung. Deshalb wird es nicht als Seele, Atman, Ich oder reale Persönlichkeit angesehen. So kam Buddha zu seiner Lehre von der Ichlosigkeit – der Auffassung, dass es kein greifbares, unabhängiges und auffindbares Etwas gibt, das sich als Persönlichkeit abtrennen ließe.

Haben Pflanzen ein Bewusstsein? Sind sie empfindende Wesen? Kann aus einem Computer jemals ein empfindendes Wesen werden?

Im tibetischen Buddhismus gelten Pflanzen im Allgemeinen nicht als empfindende Wesen. Sie sind zwar im biologischen Sinn lebendig, aber deshalb haben sie noch kein Bewusstsein. Es stimmt zwar, dass Pflanzen auf Musik reagieren oder auf Menschen, die mit ihnen sprechen, ähnlich wie Eisenspäne auf einen Magneten in ihrer Nähe reagieren. Das heißt aber noch nicht, dass sie ein Bewusstsein haben. Es gibt jedoch einige seltene Fälle, in denen sich der Geist eines Wesens aufgrund seines vergangenen Handelns etwa zu einem Baum als Behausung hingezogen fühlt.

Auf die Frage, ob ein Computer jemals Bewusstsein entwickeln könne, erwiderte Seine Heiligkeit der Dalai Lama, wenn ein Computer irgendwann die Fähigkeit besäße, das Bewusstsein körperlich zu unterstützen, und wenn ein Wesen ein Karma hätte, das in einem Computer geboren werden könnte, dann könnte aus einem Computer ein empfindendes Wesen werden.

Gibt es einen universellen Geist, an dem wir alle teilhaben?

Nicht nach der buddhistischen Lehre. Jeder von uns hat seinen eigenen Bewusstseinsstrom. Wenn wir allerdings unseren Geist reinigen und zu Buddhas werden, dann haben wir nicht mehr das Gefühl, getrennte, isolierte Individuen zu sein. Wir mögen dann zwar individuelle Buddhas sein, doch haben wir dann dieselben geistigen Wahrnehmungen und fühlen uns nicht mehr voneinander abgeschnitten.

Woher stammt die Unwissenheit? Waren wir einmal im Zustand der Erleuchtung, und haben wir diesen Zustand dann verloren?

Nein. Wer einmal erleuchtet ist, der hat keinen Grund, wieder in Verwirrung und Unwissenheit zurückzufallen. Wenn die Ursache für Unvollkommenheit im Bewusstsein vorhanden ist, ist der Mensch noch im Zustand der Unwissenheit. So waren wir vom buddhistischen Standpunkt nicht schon einmal erleuchtet und haben diesen Zustand verloren. Das ist einfach deshalb nicht möglich, weil es keinen Grund gibt, warum es geschehen sollte.

Wenn auch allen empfindenden Wesen eine Buddhanatur oder ein Buddha-Potential innewohnt, ist ihr Bewusstsein doch seit unvordenklichen Zeiten von Unwissenheit getrübt. Jeder Augenblick der Unwissenheit entstammt dem vorausgehenden Moment – ohne Anfang. Sie wurde nicht von einem Schöpfer von außen geschaffen. Wenn die Unwissenheit auch keinen Anfang hat, so hat sie doch ein Ende. Sie kann durch die Erkenntnis der Leerheit beseitigt werden, wenn die falschen Vorstellungen vom Dasein ausgeräumt sind. Wenn wir einmal die Wirklichkeit erkennen, kann unser Bewusstsein nicht wieder aus Unwissen die Dinge in falschem Licht sehen.

Was versteht man unter Buddhanatur?

Buddhanatur oder Buddha-Potential ist das Potential, das alle empfindenden Wesen haben, vollständige Erleuchtung zu erlangen. Sie ist ein nicht abtrennbarer Teil unseres Bewusstseins, der uns, wenn wir ihn uns bewusst machen, einen festen Grund für Selbstvertrauen und Hoffnung gibt. Unsere Buddhanatur lässt sich mit dem offenen Himmel vergleichen, der immer da ist, auch wenn er zeitweise von Wolken verhangen ist. Da aber die Wolken und der Himmel zweierlei sind, können die Wolken verschwinden. Ebenso ist die eigentliche Natur unseres Bewusstseins rein und nur zeitweise getrübt von Verunreinigungen durch äußere Umstände: durch störende Haltungen und negative Emotionen. Wenn diese auf dem Übungsweg beseitigt worden sind, werden wir zu völlig erleuchteten Buddhas.

Warum können wir uns an unsere Vorleben nicht erinnern?

Zur Zeit ist unser Bewusstsein durch Unwissenheit verdunkelt, was die Erinnerung an Vergangenes erschwert. Auch laufen im Tod und in der Wiedergeburt so viele Veränderungen in Körper und Geist ab, dass es schwer ist, sich zu erinnern. Die Tatsache, dass wir uns nicht erinnern, spricht aber nicht gegen das Stattfinden der Wiedergeburt. Schließlich wissen wir manchmal auch nicht mehr, wo wir die Autoschlüssel hingelegt haben, und wer weiß schon noch, was er vor einem Monat zu Abend gegessen hat!

Es gibt Menschen, die sich an ihre vergangenen Leben erinnern können. Die Tibeter haben eine Methode, Reinkarnationen von Meistern, die in der Erkenntnis weit fortgeschritten waren, wiederzuerkennen. Oft können diese Menschen als kleine Kinder ihre Freunde und Gegenstände, die ihnen im Vorleben gehörten, wiedererkennen. Auch manchen gewöhnlichen Menschen ist es gelungen, sich an ein vergangenes Leben zu erinnern, manchmal durch Meditation oder Hypnose. So hat sich etwa in Großbritannien eine Frau in ihrer Kindheit an das Dorf erinnert, in dem sie ihr früheres Leben verbrachte, und Zeichnungen davon angefertigt. Sie konnte sich auch an ihre Familie dort erinnern – sie war die Mutter von acht Kindern gewesen. Als Erwachsene ging sie später in dieses Dorf und traf auf ihren Sohn aus ihrem Vorleben, der inzwischen über siebzig war. Er konnte viele ihrer Erinnerungen aus ihrem Vorleben bestätigen, denn er erinnerte sich an dieselben Ereignisse aus seiner eigenen Kindheit.

Ist es wichtig, unsere Vorleben zu kennen?

Nein. Es kommt darauf an, wie wir unser gegenwärtiges Leben führen. Zu wissen, wie unsere Vergangenheit aussah, kann nur dann helfen, wenn wir daraus die Entschlossenheit schöpfen, negatives Handeln zu vermeiden und uns aus den Daseinszyklen zu befreien. Einfach nur aus Neugier herausfinden zu wollen, wer wir in früheren Leben waren, bringt keinen Nutzen. Es könnte uns sogar zum Stolz verleiten: „Ich war in meinem vorigen Leben König", „Ich war begabt und berühmt", „Ich war Einstein". Wen kümmert's? Im Grunde genommen sind wir in unseren unendlichen Vorleben so ziemlich alles gewesen und haben auch so ziemlich alles getan. Worauf es ankommt, ist die Befreiung von früherem negativen Handeln, und wir müssen uns bemühen, weiteres negatives Handeln zu verhindern, und alle Kraft darauf verwenden, positives Potential zu sammeln und unsere guten Eigenschaften zu stärken.

Im Tibetischen gibt es den Spruch: „Willst du über dein Vorleben Bescheid wissen, so schau auf deinen gegenwärtigen Körper. Willst du dein zukünftiges Leben kennen lernen, so betrachte dein gegenwärtiges Bewusstsein." Unser augenblickliches Wiedergeborensein haben wir unserem Handeln in der Vergangenheit zu verdanken. Als Mensch wiedergeboren zu werden ist ein Glücksumstand, zustande gekommen durch ethischen Lebenswandel in vergangenen Leben. Diese positiven Ursachen wurden wahrscheinlich durch eine glückliche Wiedergeburt in der Vergangenheit geschaffen, denn es ist schwierig, aus unglücklichen Wiedergeburtssituationen zu Verdiensten und Tugenden zu kommen. Andererseits hängen unsere künftigen Wiedergeburten davon ab, was wir jetzt denken, sagen und tun, und unser Bewusstsein steht als treibende Kraft dahinter. So gibt uns ein Blick auf unsere gegenwärtige Einstellung und unsere Emotionen, ob sie konstruktiv oder destruktiv sind, eine Vorstellung von den Wiedergeburten, die uns noch bevorstehen. Wir brauchen keinen Hellseher zu befragen, was aus uns wird. Wir brauchen nur die Spur zu betrachten, die wir in jedem Augenblick durch Worte, Taten und Gedanken in unserem Bewusstseinsstrom hinterlassen.

Wie erklärt sich das Bevölkerungswachstum, wenn jeder Mensch schon einmal in einem Vorleben da war?

Nicht alle Menschen, die heute leben, waren in ihrem Vorleben notwendigerweise Menschen auf der Erde. Ihre Vorleben können in einer anderen Lebensform oder in einem anderen Universum stattgefunden haben. Im Weltraum ist die Erde ja nur ein winziger Fleck, und Buddhisten glauben, dass es auch an anderen Orten Leben gibt. Es ist auch möglich, dass zum Beispiel ein Tier stirbt und als Mensch wiedergeboren wird.

8.
KARMA – DER ZUSAMMENHANG VON URSACHE UND WIRKUNG

Was ist Karma, und wie wirkt es sich aus?

Karma heißt Handlung und bezieht sich auf willentliches physisches, verbales oder geistiges Handeln. Solche Handlungen lassen in unserem Bewusstseinsstrom Spuren oder Keime zurück, aus denen dann unter geeigneten Bedingungen das entsteht, was wir erfahren. Wir helfen etwa aus Warmherzigkeit einem anderen Menschen. Dieses Handeln hinterlässt eine Spur in unserem Bewusstseinsstrom, und wenn es sich ergibt, wird daraus Hilfe für uns erwachsen, wenn wir sie brauchen können. Wenn eine Handlung auf lange Sicht Schmerz und Elend nach sich zieht, nennt man sie negativ, destruktiv oder unheilsam. Bewirkt sie dagegen Glück, nennt man sie positiv, konstruktiv oder heilsam. Nun sind die Handlungen selbst weder gut noch böse, sie werden nur nach ihren Ergebnissen so bezeichnet.

Alle Ergebnisse aber rühren von den Ursachen her, durch die sie entstehen konnten. Wenn wir einen Apfelkern säen, wächst ein Apfelbaum und keine Chili-Pflanze, und wenn man Chili sät, entsteht eine Chili-Pflanze und kein Apfelbaum. Genauso wird eine konstruktive Handlung Glück nach sich ziehen, eine destruktive zu Problemen führen. Was auch immer wir an Gutem und Glückhaftem in unserem Leben erfahren, ist auf unser eigenes positives Handeln zurückzuführen. Unsere Probleme aber sind die Resultate unseres eigenen destruktiven Handelns.

Die Keime unseres Handelns bleiben von einem Leben zum nächsten erhalten und gehen nicht verloren. Wenn wir aber keine Ursache oder Karma für irgendetwas schaffen, dann bleibt das Ergebnis aus. Wenn der Bauer nichts sät, wächst auch nichts.

Entspricht die Lehre vom Handeln und seinen Wirkungen nicht eine System von Lohn und Bestrafung? Geht dieses System auf Buddha zurück?

Keineswegs. In der buddhistischen Vorstellung gibt es niemanden auf der Welt, der Belohnungen und Strafen austeilt. Durch unser Handeln schaffen wir die Ursachen, und wir erleben auch die Folgen. Wir sind also selbst für die Erfahrungen, die wir machen, verantwortlich. Buddha hat das Verhältnis von Ursache und Wirkung ebenso wenig erfunden wie Newton die Schwerkraft. Newton hat nur das Bestehende beschrieben. Ebenso hat Buddha beschrieben, was er mit seinem allwissenden Bewusstsein erkannte – den natürlichen Zusammenhang zwischen Ursache und Wirkung im Bewusstseinsstrom jedes Einzelnen. Durch diese Beschreibung hat er uns gezeigt, wie wir den Zusammenhang zwischen Ursache und Wirkung zum Erleben von Glück und zur Vermeidung von Schmerz nutzen können.

Das Missverständnis von Glück und Schmerz als Lohn und Strafe geht vielleicht auf eine falsche Übersetzung von buddhistischen Schriften zurück. In manchen Übersetzungen wird sogar Terminologie aus anderen Religionen verwendet. Das ist ausgesprochen irreführend, denn Worte wie Himmel, Hölle, Sünde, Strafe und Gericht entsprechen nicht der buddhistischen Vorstellung. Die Übersetzung muss Worte verwenden, die die Bedeutung der Lehre Buddhas angemessen wiedergeben.

Ist das Gesetz vom Handeln und seinen Wirkungen nur für Menschen gültig, die daran glauben?

Nein, der Zusammenhang zwischen Ursache und Wirkung besteht, ob wir daran glauben oder nicht. Positive Handlungen rufen Glück hervor, destruktive Schmerz, ob wir das nun wahrhaben wollen oder nicht. Wenn eine Frucht vom Baum fällt, so fällt sie zu Boden, auch wenn wir glauben, sie sollte nach oben fallen. Schön wär's ja, wenn wir nur zu glauben brauchten, die Folgen unserer Handlungen träten nicht ein, und es passierte auch nicht! Wir könnten beispielsweise essen, was wir wollten, und würden einfach nicht dick werden. Menschen, die nicht an vorherige Leben und den daher rührenden Zusammenhang von Ursache und Wirkung glauben, erfahren dennoch das Glück, das aus ihrem Handeln in einem früheren Leben erwächst. Wenn sie aber den Zusammenhang von Ursache und Wirkung bestreiten und sich deshalb nicht im konstruktiven Handeln üben und destruktives Handeln nicht vermeiden, können sie so nur wenig positives Potential aufbauen, aber aus Achtlosigkeit viel negatives Potential erzeugen. Menschen allerdings, die um den Zusammenhang von Ursache und Wirkung wissen, werden sehr bewusst mit allem umgehen, was sie denken, sagen und tun, damit sie andere nicht verletzen und keine schädlichen Spuren in ihrem eigenen Bewusstseinsstrom hinterlassen.

Worauf wirkt sich Karma aus?

Karma kann sich auf unsere künftigen Wiedergeburten auswirken, also etwa auf die Lebensform, die wir annehmen. Es hat auch einen Einfluss auf die Erfahrungen, die wir im Laufe unseres Lebens machen, wie andere uns behandeln, ob wir reich sind, welchen sozialen Status wir haben und anderes mehr. Außerdem beeinflusst das Karma unsere Persönlichkeit, unseren Charakter, unsere Begabungen und unsere Gewohnheiten. Das Karma beeinflusst auch, in welche Umgebung wir hineingeboren werden.

Warum hat es den Anschein, dass Menschen, die destruktiv handeln, dabei erfolgreich und vergnügt sind? Warum führen manche Menschen, die nicht an den Zusammenhang von Ursache und Wirkung glauben, trotzdem ein gutes Leben?

Wenn wir sehen, wie unehrliche Menschen Reichtum besitzen, Grausame über Macht verfügen, warmherzige Menschen jung sterben, dann können uns Zweifel am Gesetz vom Handeln und seinen Wirkungen kommen. Das liegt daran, dass wir nur dieses eine Leben überblicken können. Vieles, was wir in diesem Leben erleben, ist das Ergebnis von Handlungen aus vergangenen Leben, und viele unserer Handlungen in diesem Leben werden erst in künftigen Leben Früchte tragen. Der Reichtum unehrlicher Menschen rührt von ihrer Großzügigkeit in früheren Leben her, doch ihre gegenwärtige Unehrlichkeit legt den karmischen Keim dafür, dass sie in einem späteren Leben betrogen werden und Armut erleben werden. Ebenso verdanken grausame Menschen, die über Achtung und Autorität verfügen, ihre Position positiven Handlungen in der Vergangenheit. Jetzt aber missbrauchen sie ihre Macht und schaffen damit die Ursache für späteren Schmerz. Gutherzige Menschen, die jung sterben, bekommen die Folgen negativer Handlungen aus vergangenen Leben zu spüren. Ihr gutes Herz in diesem Leben hinterlässt aber Spuren in ihrem Bewusstsein, die zu glücklichen Erlebnissen in der Zukunft führen werden.

In den buddhistischen Schriften ist allgemein dargelegt, welche Handlungen welche Folgen nach sich ziehen, jedoch kann nur der allwissende Geist eines Buddha die spezifischen Einzelheiten des gereiften Karmas voll erfassen. So steht etwa in den Schriften, dass, wer einen anderen Menschen tötet, nur ein kurzes Leben zu erwarten hat, und dass aus Großzügigkeit Reichtum erwächst. Aber wir gewöhnlichen Menschen können nicht mit Sicherheit wissen, wer unsere Freundin Susanne in einem vorigen Leben war, wem gegenüber sie großzügig war und welche von ihren großzügigen Gaben ihren jetzigen Reichtum verursacht hat.

Schaffen wir als Gruppe auch Karma?

Ja, es gibt sowohl kollektives als auch individuelles Karma. Das kollektive Karma ist unser Handeln als Gruppe, etwa wenn Soldaten gemeinsam Waffen benutzen oder Menschen in Ausübung ihrer Religion zusammen beten oder meditieren. Die Ergebnisse dieser Handlungen werden auch wieder von einer Gruppe erfahren, oft in einem zukünftigen Leben. Jedes Mitglied einer Gruppe weicht aber in seinen Gedanken, seiner Sprache und in seinen Handlungen etwas von den anderen ab und schafft so sein eigenes Karma, und dessen Auswirkungen wird die betreffende Person erleben.

Erleben wir zwangsläufig die Auswirkungen von allen unserer Handlungen?

Wenn Samen – und seien sie noch so klein – in den Boden gesät werden, keimen sie schließlich, jedenfalls solange sie die notwendigen Bedingungen für ihr Wachstum wie Wasser, Sonne und Dünger antreffen und nicht verbrannt oder aus dem Boden gerissen werden. Der letztlich beste Weg, Karma-Spuren oder -Keime zu beseitigen, ist der der Meditation über die Leerheit von inhärentem Dasein. Das fällt auf unserer Bewusstseinsstufe noch recht schwer, aber wir können doch die schädlichen Keime am Reifen hindern, indem wir sie reinigen. Das bedeutet, um im Bilde zu bleiben, dem Samen Wasser, Sonne und Dünger zu entziehen.

Wie können wir negative Spuren reinigen?

Die Reinigung mit Hilfe der vier entgegenwirkenden Kräfte ist äußerst wichtig, denn sie verhindert nicht nur künftiges Leid, sondern sie vermindert auch Schuldgefühle. Indem wir unseren Geist reinigen, schaffen wir mehr Frieden in uns und können uns besser auf den Dharma konzentrieren und ihn besser erfassen. Die vier entgegenwirkenden Kräfte sind

1. Bedauern der Tat
2. Entschlossenheit, die Tat nicht zu wiederholen
3. Zuflucht suchen und eine altruistische Haltung anderen gegenüber entwickeln
4. Handeln zur Wiedergutmachung.

Zuerst müssen wir einsehen und bedauern, dass unser Handeln destruktiv war. Es geht nicht um Selbstbezichtigung und Schuldgefühle, die sinnlos sind und nur die innere Spannung erhöhen. Aufrichtiges Bedauern aber heißt, unseren Fehler unumwunden einzugestehen und das Bedauern darüber auszudrücken.

Zweitens fassen wir den Entschluss, die Tat nicht zu wiederholen. Bei einer häufigen und gewohnheitsmäßigen Handlung – etwa, andere leichtfertig zu kritisieren – wäre es unaufrichtig, sich vorzunehmen, es nie wieder im Leben zu tun. Also ist es besser zu sagen, man wolle sich besondere Mühe geben, diese Handlung nicht zu wiederholen. Mit Unterstützung anderer kann man sich vornehmen, für einen überschaubaren Zeitabschnitt, etwa ein paar Tage, die Tat nicht zu wiederholen. So können wir die Erfahrung machen, dass wir das, was wir versprechen, auch halten können.

Zuflucht suchen und Altruismus üben macht die dritte entgegenwirkende Kraft aus. Unsere destruktiven Handlungen richten sich entweder gegen etwas Heiliges wie Buddhas, Dharma oder Sangha oder aber gegen andere empfindende Wesen. Wenn wir dem Heiligen wieder näher rücken wollen, müssen wir uns seiner Führung anvertrauen. Wollen wir anderen empfindenden Wesen näher kommen, so entwickeln wir ihnen gegenüber eine altruistische Haltung und streben danach, Buddhas zu werden, so dass wir ihnen den meisten Segen bringen können.

Die vierte entgegenwirkende Kraft liegt in der Wiedergutmachung. Darunter ist jede Art von positiver Handlung zu verstehen: der Lehre zuhören, ein Dharma-Buch lesen, sich vor den Drei Juwelen verneigen, Gaben bringen, die Namen der Buddhas rezitieren, Mantras sprechen, Statuen und Gemälde von Buddhas herstellen, Texte drucken, meditieren und Ähnliches. Wir können auch der Gemeinschaft unsere Dienste anbieten, anderen durch Arbeit in Schulen, Krankenhäusern und Umweltorganisationen helfen. Oder wir können uns einem Dharma-Zentrum oder einem Tempel zur Verfügung stellen. Die stärkste Kraft zur Wiedergutmachung liegt in der Meditation über Leerheit, denn durch vorurteilslose Weisheit können die negativen Spuren gelöscht werden, bevor sie Früchte tragen.

Die vier entgegenwirkenden Kräfte müssen immer wieder ausgeübt werden, denn wir haben ja viele schädliche Handlungen begangen, also können wir nicht erwarten, all diese Keime auf einmal ersticken zu können. Je stärker die vier entgegenwirkenden Kräfte sind – je mehr wir also unser Handeln bedauern, je fester unser Entschluss ist, nicht wieder so zu handeln –, desto wirksamer wird die Reinigung sein. Vor allem kann die reinigende Wirkung intensiviert werden, wenn wir jeden Abend vor dem Schlafengehen die vier entgegenwirkenden Kräfte einsetzen, um die am Tage begangenen destruktiven Handlungen auszugleichen.

Können und sollten wir Menschen helfen, die aufgrund ihrer eigenen negativen Handlungen leiden?

Unbedingt. Wir wissen doch alle, wie es ist, wenn es einem schlecht geht, und so geht es nun einmal allen, die die Wirkung ihrer eigenen destruktiven Handlungen verspüren. Da gebietet einfach das Mitgefühl zu helfen. Mag auch ihre augenblickliche unglückliche Lage auf ihr eigenes Handeln zurückzuführen sein, so heißt das noch lange nicht, dass wir uns daneben stellen können und sagen: „Tut mir Leid, du armer Wicht. Hättest du nicht so schlecht gehandelt, dann ginge es dir jetzt nicht so schlecht!"

Das Karma ist schließlich nicht unveränderlich in Erz gegossen und hat nichts mit Schicksal oder Prädestination zu tun. Zwar haben die Menschen die Ursache für ihr Unglück selbst geschaffen, doch haben sie so auch eine Ursache geschaffen, die bewirkt, dass wir ihnen helfen können. Darüber hinaus können wir uns alle vorstellen, wie es uns an ihrer Stelle ginge, und wir streben ja alle nach Glück und wollen Schmerz vermeiden. Gleichgültig, wen Schmerz oder ein Problem gerade trifft, wir müssen helfen. Wer sich etwa auf den Standpunkt stellt, dass Arme nur deshalb arm sind, weil sie in einem Vorleben Geizkragen waren, und man deshalb in die Wirkung ihres Karmas nicht durch Hilfe eingreifen darf, sitzt einem grausamen Missverständnis auf. Es steht uns nicht an, unsere eigene Bequemlichkeit, Apathie oder Überlegenheitsphantasie durch eine Missdeutung von Ursache und Wirkung zu rationalisieren. Mitgefühl und allgemeines Verantwortungsgefühl sind auch wichtig für unsere eigene spirituelle Entwicklung und den Frieden in der Welt. Das ist ein Grundstein der buddhistischen Lehre.

Hat unser Karma einen Einfluss darauf, mit wem wir zusammentreffen und wie sich unser Verhältnis mit diesen Menschen entwickelt?

Ja, aber das heißt nicht, dass der Verlauf solcher Beziehungen vorherbestimmt ist. Wir bringen wohl durch das Karma bestimmte Prädispositionen mit, so dass wir uns manchen Menschen spontan nahe fühlen, während wir uns an anderen reiben. Damit ist aber der weitere Verlauf einer Beziehung noch nicht bestimmt. Wenn wir denen, die Übles über uns verbreiten, freundlich begegnen und unseren Austausch mit ihnen verbessern, kann sich diese Beziehung ändern. Nebenbei schaffen wir positives Karma, aus dem in der Zukunft Glück erwächst.

Das Karma bindet uns nicht an andere. Es gibt auch keine Seelenverwandtschaften und Menschen, die allein uns vorbestimmt sind. Da wir bereits unendlich viele Leben hinter uns haben, hatten wir mit jedem Wesen schon früher einmal Kontakt, und auch unser Verhältnis zu jeder einzelnen Person ist einem ständigen Wandel unterworfen.

Hilft uns das Verständnis von Karma, die Ereignisse in unserem Leben besser zu begreifen?

Durchaus. Wenn wir Glück erfahren und wissen, dass es aus früheren positiven Handlungen erwachsen ist, ermutigt uns das, positiv zu handeln und Gelegenheiten, Gutes zu tun, nicht ungenutzt verstreichen zu lassen.

Wenn wir mit Schwierigkeiten zu kämpfen haben, sollten wir uns darauf besinnen, welche Handlungsweise die Ursache dafür gewesen sein könnte. So machen wir uns unser Denken und Handeln bewusster. Aus den Schriften Buddhas können wir mehr darüber erfahren, welche Handlungen im Einzelnen welche Folgen nach sich ziehen. Dann können wir unser Verhalten ändern und mehr Keime in unseren Bewusstseinsstrom pflanzen, die zu wünschenswerten Ergebnissen führen. Dafür eignet sich besonders ein Text mit dem Titel „Das Rad der scharfen Waffen", in dem dargestellt wird, wie wir unsere Denk- und Handlungsweise ändern können, um Ursachen für Glück zu schaffen.

Können Menschen als Tiere und Tiere als Menschen wiedergeboren werden?

Ja, denn aufgrund unseres Handelns fühlt sich unser Geist, wenn wir sterben, zu bestimmten Formen der Wiedergeburt hingezogen. Es fällt schwer, sich vorzustellen, dass ein Mensch als Tier wiedergeboren wird, aber wenn wir uns vor Augen führen, dass es Menschen gibt, die sich schlimmer als Tiere verhalten, erscheint es wieder nicht so weit hergeholt. So töten Tiere etwa nur, wenn sie bedroht oder hungrig sind, aber manche Menschen töten auch zum Vergnügen, aus Ruhmsucht oder Machtgier. Wenn jemand sein Denken in bestimmten Bahnen bewegt, leuchtet es ein, dass der Körper im künftigen Leben dieser Einstellung entsprechen kann.

Ebenso können auch Tiere als Menschen wiedergeboren werden. Den meisten Tieren wird es zwar schwer fallen, positiv zu handeln – wie soll ein Hund meditieren oder der Gemeinschaft dienen können –, es ist aber möglich. Deshalb nehmen die Tibeter ihre Tiere mit sich, wenn sie Heiligtümer umschreiten, so dass sie im Bewusstsein der Tiere eine positive Spur hinterlassen. Viele Menschen sprechen deshalb auch gern ihre Gebete und Mantras laut, so dass die Tiere die besänftigende Wirkung der Laute in sich aufnehmen, auch wenn sie die Bedeutung nicht verstehen.

Der gewöhnliche Mensch trägt positive und negative karmische Spuren in seinem Bewusstsein. Die Form unserer Wiedergeburt entscheidet sich nicht nach der Summe unseres gesamten vergangenen Karmas. Vielmehr kommen nur einige Samen zur Reife, während die anderen erst einmal ruhen. Wenn also jemand zum Zeitpunkt seines Todes zornig ist, kann es geschehen, dass einige der negativen Samen Frucht tragen und er als Hund wiedergeboren wird. Die positiven Abdrücke bleiben aber dennoch in seinem Bewusstseinsstrom erhalten, und wenn Ursachen und Bedingungen günstig zusammentreffen, können sie reifen und ihm zu einer Wiedergeburt als Mensch verhelfen.

9.
STERBEN, TOD UND DER ZWISCHENZUSTAND

Wie können wir einem Sterbenden oder Toten am besten beistehen?

Menschen, die sterbenskrank sind, sollten wir helfen, ihre Angelegenheiten zu ordnen, solange sie körperlich und geistig noch die Kraft dazu haben. So können sie alle Sorgen um Geld und ihre Familie hinter sich lassen. Wenn sie ihren Besitz weggeben können, hilft das, durch ihre Großzügigkeit gutes Karma für künftige Leben aufzubauen. Durch Großzügigkeit können sie sich auch von Anhaftung frei machen, denn das kann zur Zeit des Todes sehr schaden. Wir sollten Sterbende anregen, alle Bitterkeit und alle Schuldgefühle ins Reine zu bringen, entweder dadurch, dass sie mit den betreffenden Menschen darüber sprechen, oder durch Reinigungsübungen. Um Vergebung bitten, anderen vergeben und denen, die man liebt, das auch sagen – alles das befreit den Geist der Sterbenden von Zorn und Schuld und erlaubt es ihnen, friedlich zu sterben.

Wenn wir Sterbenden nicht in dieser Weise bei der Vorbereitung auf den Tod helfen können, sollten wir ihnen versichern, dass wir uns nach ihrem Tod um ihre Angelegenheiten kümmern werden. Sie sollen sich nicht darum sorgen müssen, wer nun die Rechnungen bezahlt und wer sich um die Kinder kümmert. Sie sollten sich ohne Angst und Sorgen darauf einstellen können, dass sie friedlich aus dem Leben scheiden. Mit Fragen wie „Wer soll deinen Schmuck bekommen?“, „Hast du irgendwo Geld versteckt?“ oder „Wie soll ich ohne dich auskommen?“ soll man sie nicht belästigen. Schließlich wollen wir den Sterbenden beistehen und ihnen nicht noch mehr Kummer machen.

Um Sterbende herum sollten wir eine ruhige Atmosphäre schaffen, die frei ist von Menschen und Dingen, die Gefühle der Anhaftung und des Zorns auslösen könnten. Es ist schwer, in Frieden zu sterben, wenn die ganze Familie im Zimmer versammelt ist, wenn alle weinen, die Hand des Sterbenden ergreifen und rufen: „Bitte geh nicht von uns, wir lieben dich doch! Das darfst du uns nicht antun!“ Vielleicht glauben wir, auf diese Art unsere Liebe und Sorge auszudrücken, aber im Grunde klagt nur unsere Selbstsucht, weil wir jemanden verlieren, an dem wir hängen. Wir sollten uns mehr darum kümmern, was der Sterbende braucht, und eine ruhige und freundliche Atmosphäre schaffen.

Wir empfehlen, während der letzten Lebensstunden auf alle Formen von invasiver Behandlung zu verzichten, Monitore, Infusionen und Ähnliches. So kann der Sterbende seine Gedanken nach innen richten und sich aufs Sterben vorbereiten, ohne durch äußere Betriebsamkeit abgelenkt zu werden. So können sich auch die körperlichen Energien natürlicher auflösen.

Es ist schädlich, sein Leben mit Gedanken des Zorns, der Anhaftung, der Eifersucht, des Stolzes abzuschließen. Wir sollten deshalb versuchen, eine stille und ruhige Atmosphäre zu schaffen und die Sterbenden auf positive Gedanken zu bringen. Wenn sie Buddhisten sind, können wir über Buddha, Dharma und Sangha sprechen und sie an ihre spirituellen Lehrer erinnern. Wir könnten ihnen Bilder Buddhas zeigen oder in ihrem Zimmer Gebete und Mantras sprechen. Vor Eintritt des Todes sollten wir sie zur Reinigung von destruktiven Handlungen anregen. Wir sagen ihnen, sie sollen dafür beten, dass sie eine gute Wiedergeburt erleben, reiner Lehre und reinen Lehrern begegnen und dass ihr Tod, ihr Zwischenzustand und ihre Wiedergeburt etwas Gutes für andere bewirken.

Menschen anderen Glaubens drängen wir nicht zum Zeitpunkt ihres Todes unseren Glauben auf – das würde nichts als Verwirrung stiften. Zu ihnen muss man ihrem Glauben gemäß sprechen und sie positiv einstimmen.

Wird man unmittelbar nach seinem Tod wiedergeboren, oder gibt es vor der nächsten Wiedergeburt einen Zwischenzustand?

Zwar hört das Herz auf zu schlagen, der Atem steht still und das Hirn ist tot, aber das Bewusstsein kann auf einer höchst subtilen Stufe immer noch mit dem Körper verbunden sein – bis zu drei Tagen. Meister mit einem höher entwickelten Bewusstsein können sogar noch Wochen nach dem Erlöschen ihrer Lebenszeichen weiter meditieren, ehe ihre verfeinerte Bewusstseinsform den Körper verlässt. Deshalb ist zu empfehlen, die Leiche einige Tage oder wenigstens Stunden möglichst in Ruhe zu lassen. Dann berühre man den Scheitel des Verstorbenen, denn wenn das Bewusstsein an dieser Stelle den Körper verlässt, ist es ein gutes Vorzeichen für das nächste Leben.

Nachdem der Geist eines gewöhnlichen Sterblichen den Körper verlassen hat, tritt er in ein Zwischenstadium ein, auf tibetisch *burdo* genannt, bis er sich einen anderen Körper sucht. Ob dieser Zwischenzustand nun ein paar Augenblicke oder 49 Tage dauert, hängt von den Umständen ab. In manchen Fällen wird der Mensch sofort wiedergeboren und bleibt gar nicht im Zwischenstadium. Was mir bisher keiner meiner Lehrer beantworten konnte, ist die Frage, warum der *burdo* ausgerechnet nach 49 Tagen aufhört.

Wesen im Zwischenzustand haben feine Körper, die nicht aus Atomen bestehen, die aber schon gewisse Ähnlichkeiten mit dem Wesen haben, das aus ihnen werden wird. Vielleicht versuchen sie noch eine Zeit lang, mit Freunden oder Verwandten Kontakt aufzunehmen, aber Wesen im Zwischenzustand können nicht mit den Menschen kommunizieren. Nach 49 Tagen haben sie auf jeden Fall einen neuen Leib gefunden und gehen in den Erfahrungen ihres neuen Lebens auf.

Kann jemand als Geist wiedergeboren werden? Wie lassen sich Spiritismus und Menschen, die über ein Medium mit Toten reden, erklären?

Manche Menschen haben in ihrem Leben Ursachen dafür geschaffen, als Geister wiedergeboren zu werden. Geister gehören zu einem Reich von Lebensformen, die man als hungrige Geister bezeichnet. Eine solche Wiedergeburt gilt als Unglück. Geister können sich, wie zuweilen auch Götter, durch ein Medium äußern, aber diese Wesen sind immer noch durch ihre Unwissenheit, ihre Anhaftung, ihren Zorn an die zyklische Existenz gebunden. Manche von ihnen mögen über Hellseherkräfte verfügen, andere nicht. Manche sagen die Wahrheit, andere nicht. Man kann sich auf diese spirituellen Kontakte nicht immer verlassen. Es besteht auch keine Notwendigkeit, mit verstorbenen Freunden und Verwandten Kontakt aufzunehmen. Besser ist es, sich zu ihren Lebzeiten gut mit ihnen zu verstehen und freundlich zu ihnen zu sein.

Hilft den Toten Beten und Singen? Was können wir darüber hinaus noch für sie tun?

Die buddhistische Praxis, nach dem Tod eines Menschen Sutren zu singen, und andere Bräuche können helfen, das positive Potential des Toten heranreifen zu lassen. Auch wenn sie bereits den Körper verlassen haben und den Gesang nicht mehr hören können, kann es ihnen doch helfen, wenn wir ein positives Potential schaffen und ihnen widmen. Diese wohltuenden Bräuche werden herkömmlicherweise sieben Wochen lang nach dem Tod einmal wöchentlich gepflegt. Der Zwischenzustand hält an, bis die Verstorbenen einen anderen Körper für ihre Wiedergeburt gefunden haben. Das von uns geschaffene, ihnen gewidmete positive Potential verhilft ihnen zu einer guten Wiedergeburt. Wir können aber nicht einfach sagen: „Ich werde einige Mönche und Nonnen bitten, das Singen und Beten zu übernehmen, und gehe selbst meinen Geschäften nach." Schließlich haben wir zu dem Verstorbenen eine karmische Beziehung, und daher kommt es auf unsere Gebete und wohltuenden Handlungen, die wir ihm widmen, an.

Die Besitztümer eines Verstorbenen an andere weiterzugeben ist eine Möglichkeit, Großzügigkeit zu üben und positives Karmapotential anzusammeln. Besonders wohltuend sind Gaben zu heiligen Zwecken (Buddha, Dharma, Sangha) oder an Arme und Kranke. Damit kommt das so geschaffene Potential allen empfindenden Wesen und vor allem dem Verstorbenen zugute.

Bei verschiedenen asiatischen Völkern ist es üblich, den Verstorbenen Essen hinzustellen und Papiergeld und Häuser für sie zu verbrennen. Ist das notwendig oder hilfreich?

Es heißt, dass sich die Wesen im Zwischenstadium von Gerüchen ernähren – also kann das Hinstellen von Essen während der 49 Tage nach dem Tod eine Hilfe sein. Danach erleben die Verstorbenen eine glückliche oder unglückliche Wiedergeburt – entsprechend ihren früheren Handlungen. Wenn sie einmal geboren sind, erreicht sie das bereitgestellte Essen nicht mehr. Wir können aber den als hungrige Geister Wiedergeborenen Essen anbieten – ob sie nun frühere Verwandte oder Freunde waren oder nicht. Dazu sprechen wir über das bereitgestellte Essen bestimmte Mantras, die bei den hungrigen Geistern karmische Verdunkelungen beseitigen und sie das Essen finden lassen.

Mit dem Verbrennen von Papierautos, -kleidern oder -geld kann man dem Verstorbenen diese Dinge nicht in seinem wiedergeborenen Dasein beschaffen. Diese Tradition geht auf einen alten chinesischen Brauch zurück und ist nicht von Buddha gelehrt worden. Wenn wir also unseren Verwandten und Freunden zu Reichtum im künftigen Leben verhelfen wollen, sollten wir sie ermutigen, zu Lebzeiten Schenkungen zu machen und großzügig zu sein. Buddha hat gesagt, dass Großzügigkeit – nicht das Verbrennen papierener Gegenstände – den Grund für Reichtum legt.

Zuweilen rät man seinen Verwandten: „Gib nicht so viel weg, sonst bleibt für unsere Familie nichts mehr!“ Damit fördert man Geiz und sät Keime für Armut in künftigen Leben – des anderen wie des eigenen. Ermutigt man sie dagegen, großzügig zu sein und ihre Geschäftspartner nicht zu betrügen, trägt man zu ihrem künftigen Reichtum bei.

Wollen wir also, dass die Menschen, die wir lieben, eine gute Wiedergeburt erfahren, dann helfen wir ihnen am meisten, wenn wir sie zu Lebzeiten dazu anhalten, die zehn destruktiven Handlungen zu vermeiden und die zehn konstruktiven auszuüben. Die zehn destruktiven Handlungen sind Töten, Stehlen, törichtes sexuelles Verhalten, Lüge, üble Nachrede, harte Worte, Klatsch, das Streben nach dem Besitz anderer, Boshaftigkeit und falsche Anschauungen. Wenn wir jemanden dazu bringen, dass er lügt, um uns zu schützen oder jemanden zu betrügen, damit wir mehr Geld erhalten, tragen wir zur unglücklichen Wiedergeburt dieses Menschen bei. Verbringen wir Stunden mit unseren Freunden mit Klatschen, Trinken und der Kritik an anderen, schaden wir uns selbst. Da wir von Herzen wünschen, dass unsere Angehörigen und Freunde nach dem Tode glücklich sind, sollten wir sie von diesen destruktiven Handlungen abbringen und sie zu konstruktivem Handeln bringen. Mit ethischen Vorgaben können wir sie dazu anhalten, aber nicht zwingen. So können wir wirklich zu ihrem Wohl in künftigen Leben handeln.

Wie ist die buddhistische Haltung zum Selbstmord?

Selbstmord wird als etwas äußerst Tragisches angesehen. Das Leben eines Menschen ist wertvoll, und es liegt eine Tragik darin, wenn störende Haltungen jemanden so überwältigen, dass er im Tod den einzigen Ausweg aus seinen Leiden sieht. Im Grunde liegt im Selbstmord auch keine Lösung, denn der Mensch wird wiedergeboren. Darüber hinaus empfinden Menschen, die Hand an sich legen, im Allgemeinen zum Todeszeitpunkt große Wut, Eifersucht oder andere störende Haltungen, die ihre künftige Wiedergeburt belasten könnten.

Buddhisten glauben, dass alle empfindenden Wesen ein Buddha-Potential oder eine Buddhanatur haben: die Fähigkeit, vollständige Erleuchtung zu erlangen. Störende Haltungen verdunkeln wie Wolken die Reinheit unseres Bewusstseins, aber sie sind nicht Teil unserer selbst. Sie sind vorübergehender Natur und können durch Übung des Dharma völlig beseitigt werden. Wenn die Menschen davon auch nur eine Ahnung hätten, würden sie ihr eigenes Elend nicht so ernst nehmen und an das Gute in sich glauben. Ein solcher neuer Blickwinkel könnte sie dazu bringen, sich fürs Weiterleben zu entscheiden, weil sie darin einen zuverlässigen Weg zum Ende ihrer Sorgen erkennen.

Wie steht der Buddhist zur Sterbehilfe?

Vom buddhistischen Standpunkt soll Leben im Allgemeinen erhalten werden, aber jeder Fall liegt anders und muss entsprechend gewürdigt werden. Oft fällt die Entscheidung nicht leicht. Wenn wir wissen, dass ein Mensch im Koma oder jemand, der große Schmerzen hat, in ein glücklicheres Leben wiedergeboren wird, dann könnten wir aus Mitleid einen Tod als Erlösung in Erwägung ziehen. Die meisten von uns haben aber nicht genügend seherische Kräfte, um zu entscheiden, ob wir jemandem durch den Gnadentod helfen oder schaden würden. Das ist sehr schwer zu beurteilen, denn möglicherweise würden Früchte negativer Handlungen reifen, und der Betreffende würde durch die Wiedergeburt in eine schlimmere Lage als seine augenblickliche hineingeboren. Manchmal erwachen Menschen wieder aus dem Koma und leben noch viele Jahre.

Wenn die Menschen den Wert ihres Lebens begreifen – wie wertvoll es zur Übung auf dem Weg zur Erleuchtung ist –, kann es ihnen gelingen, auch Schmerz als Teil dieses Weges anzunehmen. So können Menschen, die zwar bettlägerig sind, die aber einen wachen Geist besitzen, den Dharma praktizieren und ihre guten Eigenschaften mehren, ihre negativen Handlungen reinigen und sich auf dem Weg zur Erleuchtung üben. Sie haben vielleicht mehr Zeit dazu als diejenigen, die geschäftig von einem Ort zum anderen jagen! Manche buddhistischen Praktiken sind besonders geeignet, widrige Bedingungen für den Weg der Erleuchtung nutzbar zu machen, und wir machen Schwerkranke mit ihnen vertraut. Ich habe auch schon mit Menschen gesprochen, die schon einmal im Koma gelegen haben, und viele von ihnen sagten, dass sie ihre Umgebung wahrnehmen konnten. Gebete lesen oder Mantras sprechen könnte ihnen also helfen. Selbst wenn ihr Geist verdunkelt ist, kann das Hören des Dharmas eine wohltuende Spur in ihnen hinterlassen.

Wenn jemand in einem Patiententestament festlegt, welche medizinische Behandlung er im Fall einer ernsten Verletzung oder Krankheit wünscht, nimmt er seiner Familie eine große Sorge ab, sollte ein solcher Unglücksfall tatsächlich eintreten. Das Leben eines Menschen, für den keine Hoffnung auf Genesung besteht, nicht künstlich zu verlängern ist kein Tötungsakt. Man lässt nur der Natur ihren Lauf und ermöglicht es so vielleicht einem Menschen, friedlicher zu sterben, als wenn man noch einschneidende Maßnahmen ergreift. Wenn das Leben eines Menschen aber nur von Apparaten aufrechterhalten wird,

wird die Lage komplizierter. Jeder Fall muss für sich betrachtet werden, denn es gilt, verschiedene Faktoren zu berücksichtigen – da ist der Wunsch des Sterbenden, die Schwere der Erkrankung, der Bewusstseinszustand des Patienten, die seelische Bereitschaft des Patienten zu sterben, sein Gefühlszustand, die Gefühle der Angehörigen und ihre finanzielle Lage. Hier lässt sich keine für alle passende Antwort finden. In solch einer schwierigen Lage müssen wir mit größtmöglicher Einfühlung und Klugheit handeln.

Da die finanziellen Mittel für medizinische Forschung und Gesundheitsversorgung begrenzt sind, sollte unsere Gesellschaft die meisten dieser Mittel in die Schwangerenvorsorge und in Bildung und Erziehung stecken, um so die Lebensqualität zu verbessern. So sähen sich die Menschen auch beim Tod nicht so vielen ethischen und emotionalen Dilemmas gegenüber.

10. DIE BUDDHISTISCHEN TRADITIONEN

Wie nennt man die buddhistischen Schriften?

Die schriftlich niedergelegten Worte Buddhas fallen in zwei allgemeine Kategorien – die Sutren und die Tantras. In den Sutren geht es um Höhere Schulung der ethischen Disziplin, meditativen Stabilisierung und Weisheit. Außerdem handeln sie davon, wie man Altruismus entwickeln und praktizieren kann. Die Tantras beschreiben Praktiken, die für das Vajrayana einzigartig sind. Sowohl die Sutren als auch die Tantras bestehen aus den von Buddha zu Lebzeiten gesprochenen Worten, sprechen aber jeweils ein unterschiedliches Publikum an. Seine unmittelbaren Schüler lernten die Worte auswendig, und spätere Generationen hielten sie schriftlich fest.

Warum gibt es so viele buddhistische Traditionen?

Buddha lehrte in vielen verschiedenen Formen, denn die Neigungen, Veranlagungen und Interessen der empfindenden Wesen sind verschieden. Buddha wollte nicht alle Menschen über einen Kamm scheren – also bot er geschickt und einfühlsam mehrere philosophische Ansätze und Übungswege an, so dass jedermann etwas finden kann, das seiner Persönlichkeit und seinen Neigungen entspricht. Der Kern seiner gesamten Lehre ist aber derselbe: der Wille, sich aus dem Daseinskreislauf zu befreien, Liebe, Mitgefühl und Altruismus und die Einsicht in die Realität.

Nicht jedem schmeckt die gleiche Speise. An einem

großen Buffet können wir uns aussuchen, was wir gern essen. Auch wenn wir vielleicht gern Süßes essen, heißt das noch nicht, dass salzige Speisen nichts taugen und weggeworfen werden sollten! Ebenso liegt uns vielleicht ein bestimmter Zugang zur Lehre – etwa Theravada, Reines-Land-Buddhismus, Zen oder Vajrayana. Es steht uns frei, die uns zusagende Variante zu wählen, in der wir uns zu Hause fühlen. Dabei ist es aber wichtig, dass wir anderen Traditionen gegenüber offen bleiben und ihnen Respekt entgegenbringen. Im Laufe unserer Geistesentwicklung können wir durchaus Elemente anderer Traditionen begreifen, die uns vorher unverständlich waren. Kurz, wir sollten alles das in die Praxis umsetzen, was uns helfen kann, ein besseres Leben zu führen, und was wir nicht verstehen, können wir beiseite lassen, ohne es zu kritisieren.

Auch wenn eine bestimmte Tradition unserer Persönlichkeit am besten entspricht, ist es unklug, sich zu stark damit zu identifizieren: „Ich bin Mahayana-Anhänger, du bist Theravada-Anhänger", oder „ich bin Buddhist, du bist Christ". Wir sind alle Menschen, die nach Glück streben und die Wahrheit erkennen wollen, und jeder muss dafür den Weg finden, der seiner Veranlagung entspricht.

Bei allem Offensein für neue Ansätze sollten wir aber auch nicht alles – wie in der Gemüsepfanne – nach Belieben vermischen. Meditationstechniken verschiedener Traditionen sollte man möglichst nicht in derselben Sitzung anwenden, sondern sich jedes Mal an eine bestimmte Meditationsrichtung halten. Nehmen wir ein bisschen von dieser Meditationspraxis und dann wieder etwas von jener und vermischen sie, ohne auch nur eine richtig zu verstehen, erreichen wir am Ende nur Verwirrung. Es kann aber sein, dass Dinge, die in einer Schule hervorgehoben werden, uns beim Verstehen und Praktizieren einer anderen Tradition helfen.

Es ist im Übrigen ratsam, dieselbe Meditationsübung

täglich zu wiederholen. Wenn wir den einen Tag Atemmeditation üben, den nächsten die Namen Buddhas rezitieren und am dritten Tag analytische Meditation üben, kommen wir nicht sehr weit, denn es fehlt uns die Kontinuität. Üben wir aber täglich alle drei, können wir auf diese Weise Kontinuität erreichen.

Welche unterschiedlichen buddhistischen Traditionen gibt es?

Grob gesprochen gibt es zwei Richtungen, Theravada und Mahayana. Die Theravada-Richtung oder „Tradition der Älteren" geht auf in der Pali-Sprache niedergeschriebene Sutren zurück und breitete sich von Indien nach Sri Lanka, Thailand, Burma und andere südostasiatische Länder aus. Bei ihr stehen zwei Meditationsformen im Mittelpunkt, die Atemmeditation, die dazu dienen soll, Konzentration zu entwickeln, und die Meditation, die über ein bewusstes Wahrnehmen des Körpers, der Gefühle, des Geistes und der Naturerscheinungen Weisheit zu erlangen sucht. Diese beiden Formen der Meditation heißen auf Pali Shamatha und Vipassana.

Die Mahayana (Großes Fahrzeug) genannte Tradition stützt sich auf in Sanskrit verfasste Schriften und breitete sich nach China, Tibet, Japan, Korea und Vietnam aus. Liebe und Mitgefühl sind zwar auch wesentliche Themen im Theravada-Buddhismus, doch werden sie im Mahayana-Buddhismus noch weit mehr hervorgehoben. Innerhalb des Mahayana unterscheiden wir verschiedene Strömungen. Die Anhänger des Reinen- Land-Buddhismus legen den Schwerpunkt auf das Rezitieren des Namens des Amitabha Buddha, in dessen reinem Land sie wiedergeboren werden wollen, einem Land, wo ideale Bedingungen zum Praktizieren des Dharmas herrschen. Beim Zen (Ch'an) liegt der Schwerpunkt auf der Meditation, durch die begriffliches Weltverstehen und „lärmende" Gedanken überwunden werden sollen. Beim Vajrayana („Diamantengefährt") soll die Meditation über eine Gottheit den unreinen Körper und den unreinen Geist in Körper und Geist eines Buddha verwandeln. Dies sind nur einige Beispiele für die zahlreichen Mahayana-Schulen.

Die Tatsache, dass so viele verschiedene Strömungen der Lehre Buddhas existieren, belegt das Geschick Buddhas, Menschen entsprechend ihren Bedürfnissen und Fähigkeiten zu leiten. Wichtig ist es, nicht Partei zu ergreifen und zum Sektierer zu werden, sondern alle diese Traditionen und ihre Anhänger zu respektieren. Da ja alle Traditionen auf Buddha selbst zurückgehen, werten wir mit der Abwertung einer seiner Gedankenschulen auch ihn selbst und seine Lehre ab.

Warum tragen einige Mönche und Nonnen safranfarbige Gewänder, andere dagegen braune, graue oder schwarze?

Mit der Ausbreitung der Lehre Buddhas von einem Land zum anderen ging auch immer eine Anpassung an die jeweilige Kultur und Mentalität einher, ohne dass sich die Lehre in ihren wesentlichen Zügen geändert hätte. Die Art der Sanghagewänder ist eine Äußerlichkeit ohne weitere Bedeutung für die Lehre und kann sich daher ändern. In Sri Lanka, Thailand, Burma, Kambodscha und Laos beispielsweise haben die Gewänder verschiedene Safranschattierungen und sind ärmellos. Klima und Kultur machten es in diesen Ländern möglich, dass die Gewänder in Farbe und Schnitt seit Buddhas Zeiten unverändert blieben. Wer sich den acht Regeln unterworfen hat, aber kein Mönch und keine Nonne ist, trägt ein weißes Gewand. In Tibet gab es keine Safranfarbe, also benutzte man einen dunkleren, braunen Farbton. In China galt es als unerzogen, bloße Haut zu zeigen – so entstand die langärmlige Kleidung der T'ang-Dynastie. Auch schien den Chinesen die Safranfarbe zu hell und leuchtend für Anhänger einer Religion. Nur der Kaiser durfte goldfarbene Kleidung tragen. Daher änderte man in China die

Farbe der Gewänder und nahm grau oder schwarz. Um aber den Charakter der ursprünglichen Gewänder zu erhalten, behielt man die aus fünf, sieben oder neun Teilen bestehenden Überwürfe bei, die Mönche und Nonnen beim Beten tragen.

Warum weichen die Rituale der einzelnen Traditionen voneinander ab?

In den verschiedenen buddhistischen Ländern werden der jeweiligen Kultur und Sprache entsprechend unterschiedliche Rezitationsstile gepflegt. Auch die Instrumente und die Art des Verneigens können unterschiedlich sein. In China etwa steht man beim Rezitieren, während der Tibeter sitzt. In all diesen Unterschieden ist eine Anpassung an die jeweilige Kultur zu sehen.

Ebenso variiert die innere Ausgestaltung der Tempel je nach Ort. Im Allgemeinen findet man im Zentrum eines Tempels eine Statue des Shakyamuni Buddha, und traditionsgemäß können andere Buddhas, Bodhisattvas, Arhats und Schützer des Dharmas auch bildlich dargestellt sein. In der rauhen Landschaft Tibets liebte man Tempel, die innen üppig und farbenprächtig ausgeschmückt waren, während man in der üppigen Vegetation Japans das Innere der Tempel eher schlicht gestaltete.

Der Dharma liegt aber nicht in diesen äußeren Formen und Handlungsweisen. Mit ihrer Hilfe kann er jedoch besser in der jeweiligen Kultur praktiziert werden. Den wahren Dharma können wir weder mit unseren Augen sehen noch mit den Ohren hören. Auf ihn müssen wir unsere Aufmerksamkeit richten, nicht auf die je nach Ort unterschiedlichen Erscheinungsformen.

11. VAJRAYANA

Was bedeutet Vajrayana? Worin liegen die Besonderheiten der Vajrayana-Praxis?

Vajrayana, auch als Tantrayana bekannt, gründet sich auf Praktiken des Theravada und des Mahayana, ist aber eine Unterform des Mahayana. Es ist in Tibet weit verbreitet und wird auch in der japanischen Shingon-Tradition praktiziert.

Eine der im Vajrayana verwendeten Meditationstechniken besteht darin, sich die eigene Person als Gottheit und die eigene Umgebung als Mandala – göttliche Umgebung – bildlich vorzustellen. Durch diese Umwandlung ihres normalerweise eher bescheidenen Selbstbildes in das Bild eines gänzlich erleuchteten Buddha suchen die Anhänger dieser Schule die edlen Buddhaqualitäten in ihren eigenen Bewusstseinsstrom aufzunehmen. Mit anderen Worten, statt sich von den Minderwertigkeitskomplexen des normalen Sterblichen einschränken zu lassen, stellen sie sich vor, wie es ist, über den Dingen zu stehen, ein allumfassendes Mitgefühl für alle Kreatur zu empfinden und die Leerheit aller Erscheinungen zu erkennen. Aus der psychologischen Wirkung dieser Vorstellungen schöpfen sie die Energie und Kraft, auf ihrem Weg fortzuschreiten, und entwickeln diese Fähigkeiten tatsächlich.

Im Vajrayana werden auch Wege geübt, Tod, Zwischenzustand und Wiedergeburt zu verwandeln und dadurch Körper und Geist eines Buddha zu erlangen. Es gibt auch besondere Meditationstechniken, um anhaltende Ruhe

(Samatha) zu entwickeln und um eine hochgradig verfeinerte Geistesstufe zu erreichen, mit deren Hilfe eine Realisierung der Leerheit erreicht werden kann. Mit dieser äußerst subtilen Weisheit kann der Geist sich schnell und kraftvoll von Verunreinigungen befreien. Daher kann Vajrayana noch in dieser Lebenszeit zur Erleuchtung führen, wenn man regelmäßig als geübter Schüler unter der Anleitung eines gut ausgebildeten Tantra-Meisters praktiziert.

Buddhistisches Tantra ist nicht mit hinduistischem Tantra gleichzusetzen, und es handelt sich auch nicht um Zauberei. Über das Vajrayana sind schon etliche Bücher mit falschen Informationen und Deutungen geschrieben worden. Wenn wir also mehr über diese Praxis erfahren wollen, sollten wir entweder die Bücher kenntnisreicher Autoren lesen oder uns von vollständig ausgebildeten Meistern unterweisen lassen.

Was versteht man unter Ermächtigung? Warum sind manche Lehren „geheim“?

Sinn der Ermächtigung oder Initiation ist es, das Bewusstsein für die Übung des Tantra vorzubereiten, indem man eine Verbindung zu einer Gottheit, einer Verkörperung des allwissenden Geistes, herstellt. Voraussetzung ist die edle Motivation, das Ablegen der Gelübde und die Übernahme der Verpflichtungen, die mit der Ermächtigung verbunden sind, sowie die Meditation während der Ermächtigungszeremonie selbst. Es genügt also nicht, bei der Ermächtigung einfach im Raum anwesend zu sein, wo die Zeremonie stattfindet. Bei einer Ermächtigungszeremonie können andere Menschen anwesend sein oder auch nicht, aber wer nicht während der Zeremonie zur angegebenen Zeit die Gelübde ablegt und Verpflichtungen eingeht oder nicht nach den Anweisungen des Meisters meditiert und visualisiert, hat die Ermächtigung nicht empfangen. Sinn der Sache ist ja schließlich nicht, dass einem jemand eine Vase auf den Kopf stellt und man gesegnetes Wasser trinkt oder dass man sich eine geweihte Schnur um den Arm bindet.

Erst nach der Ermächtigung erbitten ernsthaft Praktizierende Anleitungen zum Üben. Vorher werden diese Anweisungen nicht gegeben, denn das Bewusstsein der Schüler ist noch nicht genügend vorbereitet, um ihnen Folge zu leisten. Deshalb sind sie „geheim" – nicht etwa, weil Buddha zu engherzig wäre, seine Lehre weiterzugeben. Es gehört auch nicht zum Wesen des Tantra, einen exklusiven Club zu bilden, der eifersüchtig seine Geheimnisse hütet. Vielmehr werden die Anweisungen des Tantra nur an diejenigen weitergegeben, die die Ermächtigung empfangen haben, um sicherzustellen, dass die Übenden auch entsprechend vorbereitet sind. Sonst könnte die im Tantra verwendete Symbolsprache zu Missverständnissen führen, oder es könnte jemand ohne die nötige Vorbereitung und Einweisung sich in allzu fortgeschrittene und vielschichtige Übungsformen vertiefen.

In welchem Stadium empfängt ein Schüler die Tantra-Ermächtigung?

Wer in das Vajrayana eintreten will, muss drei Dinge verinnerlicht haben: die Entschlossenheit, sich aus dem zyklischen Dasein zu befreien, die Absicht, Altruismus zu praktizieren, und die Einsicht, dass nichts unabhängig existiert. Erst dann nimmt man die Ermächtigung von einem qualifizierten Tantra-Meister entgegen, folgt den dabei abgelegten Gelübden und erhält auf dieser Basis auch Anleitungen und Übungssitzungen in Vajrayana-Meditation. Die Initiation ist kein Selbstzweck, sondern das Tor zu höheren Übungsstufen. Die Ermächtigung wird also nur ernsthaften Schülern erteilt, die anschließend die Lehre in die Tat umsetzen wollen.

Warum werden Ermächtigungen so freigebig an Neulinge vergeben, wenn man erst eine gute Grundlage in allgemeiner buddhistischer Praxis erworben haben muss, um das Tantra wirksam üben zu können?

Viele Lamas (spirituelle Lehrer aus Tibet) glauben, dass eine Ermächtigung auch den Bewusstseinsstrom von Menschen, die noch nicht völlig auf die Vajrayana-Praxis vorbereitet sind, positiv prägt. So soll eine karmische Verbindung zur Praxis hergestellt werden.

Da jedoch mit der Tantra-Ermächtigung auch Gelübde und Verpflichtungen verbunden sind, z. B. das Versprechen, sich täglich in Meditation zu üben, sollte man sich die Sache gut überlegen und nichts übereilen. Wenn Dharma-Zentren bekanntgeben, dass eine Ermächtigung stattfinden soll, sollten sie auch bekanntgeben, welche Gelübde und Verpflichtungen damit verbunden sind und welche Praxis anschließend erwartet wird. Die Anwärter sollten auch ihren spirituellen Lehrer kritisch unter die Lupe nehmen und sich davon überzeugen, dass er oder sie die nötigen Qualifikationen besitzt und eine gedeihliche Lehrer-Schüler-Beziehung entstehen kann. Am besten ist es, die Dharmapraxis allmählich zu entwickeln und nicht gleich eine fortgeschrittene Stufe erklimmen zu wollen in dem Gefühl, die Gelegenheit nutzen zu müssen. Es hat auch keinen Sinn, von einer Ermächtigung zur anderen zu eilen, um sie alle „mitzunehmen". Es ist besser, weniger Ermächtigungen in gewissenhafte Praxis umzusetzen, als Ermächtigungen einzusammeln und sich nicht an sie zu halten.

Gibt es verschiedene Arten der Ermächtigung?

Ja. Im Tibetischen gibt es zwei Hauptkategorien, *jenang* und *wong*. *Jenang* ist wie das Erteilen eines Segens oder eine Erlaubnis, an der Praxis teilzunehmen. Mit *wong* ist dagegen die Vorstellung verbunden, dass man sich in ein

Mandala, den Umkreis einer Gottheit, begibt. In Übersetzungen werden beide Formen oft als Initiation oder Ermächtigung wiedergegeben. Das stiftet Verwirrung – im Zweifelsfall klären Sie mit dem Lehrer, der sie erteilt, um welche Form es sich handelt.

Außerdem gibt es für die Verehrung jeder Buddhagestalt oder Gottheit eine eigene Ermächtigung. Wenn wir also eine Ermächtigung für eine Praxisform erhalten haben, befähigt uns das nicht zur Ausübung der Praxis im Dienst einer anderen Gottheit. Dafür brauchen wir wieder die Ermächtigung für die betreffende Gottheit.

Warum wird die Kalachakra-Ermächtigung so vielen Menschen öffentlich gegeben, auch wenn viele von ihnen nicht einmal Buddhisten sind?

Diese Ermächtigung spielt eine Sonderrolle, denn bei der Kalachakra-Praxis geht es um das Wohlergehen der Gesellschaft als Ganzes, und seit Jahrhunderten wurde sie dann erteilt, wenn es darum ging, eine Gesellschaft zu einen und Frieden zu stiften. Wenn also Seine Heiligkeit der Dalai Lama diese Ermächtigung erteilt, dann gibt er Nichtbuddhisten und Buddhisten, die noch nicht reif für eine Ermächtigung sind, die Gelegenheit, der Zeremonie als neutrale Beobachter beizuwohnen, ohne selbst eine Ermächtigung empfangen zu müssen. Das ist nur bei dieser Ermächtigung möglich. Normalerweise dürfen wir dem Ermächtigungsgeschehen nicht zusehen - auch nicht als Touristen.

Was bedeutet die Bildsprache der Tantra-Kunst?

Im Vajrajana geht es um Umwandlungen – daher ist hier Symbolik weit verbreitet. Alle Tantra-Gottheiten sind Verkörperungen von gänzlich erleuchteten, mitfühlenden Buddhas – und doch erscheinen einige dieser Gottgestalten wild oder wollüstig. Die sexuelle Bildsprache ist nicht wörtlich zu nehmen. Im Vajrayana bedeutet die Darstellung von Gottheiten in sexueller Vereinigung die Vereinigung von Methode und Weisheit, zwei wichtigen Aspekten auf dem Weg zur Erleuchtung. Wild aussehende Gottheiten sind keine Ungeheuer, die uns bedrohen. Ihr Zorn richtet sich gegen unsere wahren Feinde - Unwissenheit und Selbstsucht. Recht verstanden zeigt uns diese Bildsprache, wie Lust und Zorn umgewandelt und so beherrscht werden können. Ihre Bedeutung reicht weiter als Lust und Zorn im gewöhnlichen Sinne, und man sollte sie daher nicht missdeuten.

Was sind Mandalas?

Es gibt viele Arten von Mandalas. In der Tantrapraxis versteht man darunter die Wohnung und den Umkreis der verschiedenen buddhistischen Gottheiten. Diese – eigentlich dreidimensionalen – Mandalas sind oft wie ein Plan in eine zweidimensionale Sand- oder Farboberfläche eingezeichnet. Wenn wir die entsprechende Ermächtigung empfangen haben, dürfen wir uns im Rahmen einer Meditation das dreidimensionale Mandala einer Gottheit vor Augen führen. Damit sind Anweisungen von unserem spirituellen Lehrer verbunden.

„Mandala" kann sich auch auf unsere eigene Welt und Umgebung beziehen. Wenn wir also auf der Suche nach Belehrung über ein Mandala meditieren, dann führen wir uns unsere Welt und alles Schöne darin vor Augen und bieten es unseren spirituellen Lehrern an, die wir bitten, uns zu leiten, zu lehren und zu inspirieren.

Wer sind die Dakas und Dakinis?

Das sind Ausübende des Tantra, die anderen auf ihrem Weg beistehen. Wir stellen sie uns im Allgemeinen als überirdisch vor, aber manchmal können sie auch als gewöhnliche Menschen in Erscheinung treten.

Wer sind die Schützer des Dharma?

Schützer des Dharma gibt es in den meisten buddhistischen Traditionen, nicht nur im Vajrayana. Es sind Wesen, die gelobt haben, den Bestand des Dharma in dieser Welt und die Menschen, die ihn ausüben, zu schützen. Meist sehen sie wild aus, aber ihr Zorn richtet sich gegen Unwissenheit und das Schaffen von Missverständnissen, Disharmonie und Verderbtheit, die den Dharma zerstören. Manche Schützer des Dharma sind jenseits dieser Welt angesiedelt, das heißt, sie sind Buddha-Verkörperungen oder Arya-Bodhisattvas, die direkte Einsicht in die Leerheit, also einen unverstellten Blick haben. Andere sind im Daseinszyklus gefangene Wesen, die den Buddhas versprochen haben, den Dharma zu schützen. Die jenseitigen Schützer des Dharma haben also direkte Einsicht in die Leerheit, die weltlichen nicht. Letztere sind daher auch nicht Teil der Drei Juwelen der Zuflucht.

Was sind Pujas?

Puja ist ein Sanskrit-Wort und bedeutet Geschenk, Opfergabe. Pujas sind also Zeremonien, bei denen man sich eine Buddhaverkörperung vorstellt und ihr verschiedene Geschenke darbringt. Sie dienen nicht dazu, die Gunst der Gottheit zu gewinnen, denn erleuchtete Wesen haben ja schon unparteiliches Mitgefühl mit uns allen. Die Gaben an die erleuchteten Wesen sollen uns vielmehr befähigen, in unserem Bewusstsein Freude am Geben zu entwickeln und positives Potential – gutes Karma – zu schaffen. Das tibetische Wort *tsog* bedeutet „Versammlung" und steht für eine besondere Opfergabe, die den Wurzelgurus, den Meditationsgottheiten, den Drei Juwelen, den Dakas und Dakinis und den Schützern des Dharmas gebracht wird.

Das Vajrayana hat eine Fülle von farbigen und komplizierten Ritualen. Wo bleibt da die Meditation?

Die öffentlichen Vajrayana-Zeremonien machen einen sehr ritualbetonten Eindruck, aber die Rituale sind kein Selbstzweck. Es sind Meditationen unter Anleitung, bei denen die Ausübenden danach streben, die Bedeutung ihrer Gebete in ihrem Bewusstsein nachzuvollziehen. Finden diese Praktiken im privaten Rahmen statt, kann der Praktizierende die Rezitationen abkürzen und längere Pausen für Konzentration und Meditationen zur Erfassung der Wirklichkeit einlegen oder über liebende Zuwendung meditieren.

12.

SCHRITTE AUF DEM WEG

Was versteht man unter einem Arhat (Arahat)? Was ist das Nirwana (Nibbana)?

Ein Arhat ist ein Mensch, der Unwissenheit, störende Haltungen und negative Emotionen für immer aus seinem Geist gebannt hat. Außerdem hat er oder sie alles Karma gereinigt, das zu einer Wiedergeburt im Daseinszyklus, dem Samsara, führen könnte. Ein Arhat lebt im Zustand des Friedens, auch Nirwana oder Befreiung genannt, und hat damit alle unbefriedigenden Erfahrungen und alle Verwirrung hinter sich gelassen.

Was ist Bodhi oder Erleuchtung?

Buddhas haben nicht nur Unwissenheit, störende Haltungen und belastende Handlungen (Karma) aus ihrem Geist gebannt – sie haben auch die von diesen Makeln herrührenden Verunreinigungen beseitigt und die altruistische Absicht, andere mehr zu lieben als sich selbst, in die Tat umgesetzt. So haben die Buddhas den Zustand der gänzlichen Erleuchtung erreicht, in dem alle Makel getilgt und alle guten Eigenschaften entfaltet sind.

Was ist unter einem Bodhisattva zu verstehen?

Ein Bodhisattva ist ein Mensch, der von einem unmittelbaren Bedürfnis nach Erleuchtung zum Wohle aller empfindenden Wesen getragen wird. Wenn er den Übungsweg beschreitet, wird er den Buddhazustand erreichen.

Es gibt verschiedene Bodhisattva-Stadien, die vom Grad ihrer Einsicht abhängen. Einige haben sich noch nicht aus dem Daseinskreislauf befreit – anderen ist es schon gelungen. Die Letzteren können aber weiterhin freiwillig wiedergeboren werden – aus der Kraft ihres Mitgefühls und dem Wunsch, anderen zu helfen. Auch Buddhas können das.

Verzichten Bodhisattvas auf das Erreichen der Erleuchtung, um in dieser Welt zu bleiben und anderen beizustehen?

In manchen Schriften steht, dass Bodhisattvas geloben, im Daseinskreislauf zu bleiben und die Erleuchtung nicht erreichen zu wollen, bis alle Wesen aus dem Daseinskreislauf befreit worden sind. Das bedeutet, dass das Mitgefühl der Bodhisattvas mit den empfindenden Wesen so stark ist, dass sie bereit wären, ihre eigene Befreiung für andere aufzuopfern, wenn es diesen helfen kann. Sie wissen aber auch, dass sie in der Praxis anderen wirksamer helfen können, wenn sie selbst Buddhas werden, denn nur Buddhas haben volles Mitgefühl, die höchste Stufe der Weisheit und die notwendigen Fähigkeiten, anderen wirklich zu nützen. So streben die Bodhisattvas nach gänzlicher Erleuchtung, aber dabei bleiben sie nicht in einem einsamen Zustand der Glückseligkeit, in dem sie nicht mehr an andere denken. Sie erscheinen in einer Form, die es ihnen ermöglicht, andere mit Geschick zu leiten.

Was ist ein Arya, ein Erhabener oder Edler?

Darunter versteht man jemanden, der direkte Einsicht in die Leerheit hat. Diese Einsicht erfolgt, bevor man das Stadium eines Arhat oder Buddha erreicht hat. Mit der Einsicht eines Arya in die Leerheit werden Unwissenheit, störende Haltungen, belastetes Karma und die damit verbundenen Verunreinigungen ausgelöscht, und man erreicht Befreiung und Erleuchtung.

13.
DER UMGANG MIT EMOTIONEN

Welche Rolle spielen Emotionen in der buddhistischen Praxis? Hat Buddha Emotionen?

Es gibt realistische und konstruktive Emotionen und andere, für die das nicht gilt. Also pflegt man auf seinem Weg die guten und nimmt Abstand von den anderen. Buddha lehrte verschiedene Gegenmittel gegen negative Gefühle wie Zorn, Anhaftung, Eifersucht und Stolz. Er lehrte auch Techniken, positive Emotionen wie Liebe und Mitgefühl zu pflegen. Im Buddhismus ist Liebe der Wunsch, dass andere Menschen Glückseligkeit und ihre Ursachen erlangen – Mitgefühl ist der Wunsch, sie von allen unbefriedigenden Gegebenheiten und ihren Ursachen frei zu sehen. Solche Liebe und solches Mitgefühl umschließen gleichermaßen alle Lebewesen, und Buddha lehrte eine Methode, wie man sie Schritt für Schritt entwickeln kann.

Ist alles Begehren schlecht? Wie steht es mit dem Begehren, das Nirwana oder die Erleuchtung zu erreichen?

Das Wort „Begehren" stiftet Verwirrung, wenn man versucht, damit zwei verschiedene buddhistische Vorstellungen zu übersetzen. Es gibt verschiedene Arten von Begehren. Die problematische Art von Begehren ist die, bei der man die guten Eigenschaften eines Gegenstandes, einer Person, eines Ortes oder einer Idee übersteigert empfindet und sich an sie klammert. Das ist eine Form der Anhaftung. Beispielsweise kann man emotional sehr abhängig von einem Menschen sein und sich an ihn klammern. Wenn wir diesen Menschen mit objektiverem Blick betrachten, sehen wir, dass er längst nicht so großartig ist, wie wir uns eingebildet haben.

Das andere Begehren dagegen, das uns bewegt, uns auf zukünftige Leben und aufs Nirwana vorzubereiten, ist etwas völlig anderes. Hier begreifen wir, dass höhere Stufen des Daseins möglich sind, und entwickeln ein realistisches Streben nach ihnen. Dabei sind keine falschen Vorstellungen im Spiel, und man klammert sich auch nicht an das, was man erreichen will.

Wäre ein Leben ohne Anhaftungen nicht langweilig?

Nein, im Gegenteil, gerade die Anhaftung macht uns ruhelos und hindert uns daran, die Dinge zu genießen. Nehmen wir einmal an, wir haben eine Schwäche für Schokoladenkuchen. Selbst während wir ihn essen, können wir ihn nicht in vollen Zügen genießen, denn wir haben ein schlechtes Gewissen, dass wir so etwas Dickmachendes essen. Gleichzeitig vergleichen wir den Geschmack des gegenwärtigen Schokoladenkuchens mit in der Vergangenheit genossenen, oder wir denken schon an das nächste Stück. Jedenfalls gelingt es uns nicht, den Schokoladenkuchen in der Gegenwart wirklich zu genießen.

Haben wir dagegen keine solche Anhaftung, können wir uns klar entscheiden, ob wir den Kuchen essen wollen oder nicht, und wenn wir ihn essen wollen, können wir es in aller Ruhe tun. Wir können jeden Bissen genießen, ohne nach mehr zu verlangen oder enttäuscht zu sein, dass er nicht so gut ist, wie wir erwartet haben.

Wenn wir unsere Anhaftung verringern, wird das Leben interessanter, weil wir uns in jedem Augenblick für das öffnen können, was gerade geschieht. Statt zu wünschen, wir wären mit den Menschen zusammen, an die wir durch Anhaftung gebunden sind, wissen wir viel mehr die Zeit zu schätzen, die wir gerade mit einem anderen Menschen verbringen. Anhaftung an unsere äußere Erscheinung macht uns nur ständig unzufrieden mit unserem Aussehen – stattdessen können wir aber einfach das Nötige tun, unseren Körper gesund und sauber zu erhalten, und sind mit unserem Aussehen zufrieden.

Wie können wir unsere berufliche Laufbahn verfolgen, ohne an gutem Ruf und Reichtum zu haften? Wie können wir als Geschäftsleute auch ethische Maßstäbe haben?

Wenn wir uns eingehend die vergängliche, unvorhersehbare Natur von Reichtum, Ruhm und Erfolg in der Welt vor Augen führen, wird der Glaube, dass sie anhaltendes Glück bringen, vergehen. Dann suchen wir nach einer anderen Motivation für unsere Arbeit. Wir können unsere Arbeit als Dienst an der Gesellschaft auffassen und als Gelegenheit, durch Zusammenarbeit mit anderen mehr über uns selbst zu erfahren. So wird unsere Arbeit uns Gelegenheit bieten, die Lehren, über die wir meditieren, in die Praxis umzusetzen. Geduld und Zuneigung für andere werden so zu Eigenschaften, die nicht nur in der Meditation geübt werden, sondern die wir im täglichen Leben entwickeln.

Wenn wir unsere Anhaftung verringern, wird es leichter sein, ethischen Grundsätzen zu folgen, denn unsere Prioritäten ändern sich. Wir werden fairere Geschäftspartner und versuchen nicht, als „Radfahrer" in der Betriebshierarchie emporzusteigen. Zwar sind manche Leute der Auffassung, ethische Skrupellosigkeit sei notwendig für geschäftlichen Erfolg, aber ein führender Geschäftsmann sagte mir, dass es sich gerade umgekehrt verhält. Behandeln wir unsere Kunden fair, so vertrauen sie uns, unterhalten mit uns gute Geschäftsbeziehungen und bringen uns neue Kunden. Wenn wir unseren Kollegen mit Achtung begegnen, verhalten sie sich im Allgemeinen uns gegenüber ebenso, und wir werden nicht in Bürointrigen verwickelt. Wenn andere uns schlecht behandeln, können wir uns bemühen, tolerant zu sein und unsere Kommunikationsfähigkeiten zu verbessern. Das Gefühl, als Menschen erfolgreich zu sein, hängt dann nicht von Geld und Ansehen ab, und weil wir nach ethischen Grundsätzen leben, haben wir ein höheres Selbstwertgefühl und plagen uns nicht mit Schuldgefühlen. Damit sparen wir letztlich auch Geld, denn wir haben es nicht nötig, für unsere emotionalen Probleme einen Psychiater und für Rechtsstreitigkeiten einen Anwalt zu bemühen!

Wie können wir mit Angst umgehen?

Angst hängt eng mit Anhaftung zusammen. Je mehr wir an eine Person oder an eine Sache gebunden sind, desto mehr fürchten wir, sie zu verlieren oder von ihr getrennt zu sein. Wenn wir etwa sehr stark an eine bestimmte Person gebunden und emotional von ihr abhängig sind, fürchten wir, dass die Beziehung ein Ende haben könnte. Wenn wir Geld und finanzieller Sicherheit anhaften, machen wir uns Sorgen, wir könnten nicht genug haben. Wenn wir ein bestimmtes Bild von uns selbst hochhalten, fürchten wir, vor anderen dumm dazustehen.

Einerseits sind solche Sorgen ganz normal, denn schließlich sind wir mit einer Anhaftung an solche Dinge aufgewachsen. Wenn wir uns aber an sie klammern, werden wir ängstlich und besorgt. Es geht nun nicht darum, sich von Freunden, Geld und seiner sozialen Stellung loszusagen – nur die Anhaftung an sie muss man aufgeben lernen, um sie ohne Furcht genießen zu können.

Das Meditieren darüber, dass die Dinge nicht von Dauer sind und alles im Übergang begriffen ist, hilft uns, uns von unserer Anhaftung zu lösen und unsere Prioritäten klug zu setzen. Wir können uns vorstellen, dass wir tatsächlich alle Dinge bekämen, an die wir gebunden sind, und uns dann fragen: „Sind wir nun für alle Zeiten glücklich?" So können wir aufhören, uns von diesen Dingen und Menschen allzu sehr beherrschen zu lassen. Mit dem Loskommen von der Anhaftung verschwindet die Furcht, etwas nicht zu bekommen oder zu verlieren, ganz von selbst.

Kann man dem Buddhismus anhaften? Was ist zu tun, wenn jemand unseren Glauben angreift und den Dharma kritisiert?

Jede Situation muss gesondert betrachtet werden. Im Allgemeinen gilt aber Folgendes: Wenn ich das Gefühl habe, man kritisiert meinen Glauben – man hält *mich* deshalb für dumm, dann hafte ich an meinem Glauben an, denn ich denke: Dieser Glaube ist gültig, weil es *mein* Glaube ist. Wer ihn kritisiert, kritisiert *mich*. Das ist keine besonders konstruktive Haltung, von der wir schon um des Friedens willen absehen sollten. Wenn andere unseren Glauben nicht teilen, heißt das nicht, dass wir dumm sind.

Es ist nützlich, anderen gegenüber ein offenes Ohr zu haben. Wir sollen uns nicht zu sehr an Namen und Symbole unserer Religion binden. Wir suchen Wahrheit und Glück, nicht die Förderung einer Religion, nur weil sie die unsere ist. Außerdem ist es vernünftig, Lehrmeinungen in Frage zu stellen. Buddha selbst hat gesagt, wir sollten seine Lehre überprüfen und nicht blind an sie glauben.

Andererseits sollten wir auch nicht automatisch allem zustimmen, was andere sagen. Wir sollten nicht unseren Glauben aufgeben und unkritisch den von anderen annehmen. Wenn jemand eine Frage stellt, die wir nicht beantworten können, heißt das nicht, dass Buddhas Lehre falsch ist. Es heißt nur, dass wir keine Antwort wissen und mehr lernen und nachdenken müssen. Wir können die Fragen kenntnisreichen Buddhisten vorlegen und über ihre Antworten nachdenken. Wenn andere unseren Glauben in Frage stellen, helfen sie uns im Grunde, unser eigenes Verständnis der Lehren Buddhas zu vertiefen, denn sie legen den Finger auf die Dinge, die wir noch nicht verstanden haben, und regen uns so zum Studium des Dharma und zum Nachdenken über seine Bedeutung an.

Wir brauchen unseren Glauben nicht anderen gegenüber zu verteidigen. Wenn Menschen aus aufrichtigem Interesse fragen, offen sind und an einem wirklichen Austausch Interesse haben, kann eine Unterhaltung mit ihnen für beide Seiten bereichernd sein. Wenn aber die Menschen im Grunde keine Antwort wollen und uns nur widersprechen und uns verwirren wollen, ist kein Gespräch möglich. Vor solchen Menschen brauchen wir uns nicht in die Enge getrieben zu fühlen – wir brauchen ihnen nichts zu beweisen. Selbst wenn wir ihnen logisch schlüssige Antworten gäben, würden sie nicht zuhören, weil sie mit ihren eigenen Vorurteilen beschäftigt wären. Ohne grob zu werden, können wir mit Bestimmtheit das Gespräch beenden.

Was können wir gegen Stress tun?

Stress kann von vielen verschiedenen inneren und äußeren Faktoren verursacht werden. Wenn wir unter Stress sind, weil wir nicht genug Zeit haben und unter Druck sind, hilft es, über unsere Prioritäten nachzudenken und zu entscheiden, welche Dinge uns im Leben am wichtigsten sind. Dann können wir uns für diese Dinge entscheiden und die anderen hintanstellen. Wenn wir gestresst sind, weil wir Erwartungen, die an uns gestellt werden, nicht nachkommen können, müssen wir unsere Grenzen akzeptieren. Bloß weil uns bestimmte Fähigkeiten fehlen, sind wir noch lange keine Versager. Wir müssen uns ehrlich mit denjenigen auseinander setzen, die so hohe Erwartungen an uns stellen. Wenn wir wegen einer Krankheit oder plötzlicher Änderungen in unserer Lebenssituation gestresst sind, hilft es, über das Nichtbeständige nachzudenken – alles, was uns umgibt, wird sich ändern. Dann können wir den Wandel eher annehmen und bekämpfen ihn nicht mehr.

Oft kommt unser Stress daher, dass wir nicht bereit sind, eine Realität anzuerkennen. Wir wollen anders sein oder wir wollen, dass wir und die anderen anders sind. Im Augenblick müssen wir uns aber mit dem Ist-Zustand abfinden. Statt die Situation abzulehnen – was unsere Sorgen nur noch steigern würde –, können wir sie akzeptieren und mit ihr umgehen. Akzeptieren, was geschieht, heißt nicht, fatalistisch zu sein, sondern realistisch. Wenn man die Realität des Augenblicks akzeptiert, kann man immer noch versuchen, sie in Zukunft zu verbessern, solange man das Mögliche realistisch einschätzt.

Sich durch Atemmeditation zu beruhigen, wirkt Stress entgegen; auch Meditieren über Geduld und Mitgefühl und Reinigungsmeditation können helfen. Deshalb wird tägliche Meditation zur Bewältigung von Stress und zur Stressverhütung empfohlen.

Viele Menschen leiden unter Schuldgefühlen und Selbstvorwürfen. Was kann man dagegen tun?

Ob wir einen Fehler mit Absicht begangen haben oder nicht – Schuld und Selbsthass sind nicht angebracht. Wir müssen uns darüber klar werden, wofür wir verantwortlich sind und was in unserer Macht liegt – und was nicht. Schuldgefühle kommen oft zustande, wenn wir glauben, für etwas verantwortlich zu sein, was nicht in unserer Macht liegt. Zum Beispiel sind wir durch unsere eigene Unachtsamkeit in eine gefährliche Situation geraten – also sind wir dafür verantwortlich, dass wir da hineingeraten sind. Wenn uns aber jemand körperlich oder sexuell misshandelt, sind wir dafür nicht verantwortlich, sondern jemand anders hat eine Verfehlung begangen. Misshandelte Kinder und die Opfer von Vergewaltigungen sind nicht für die Misshandlung oder die Vergewaltigung verantwortlich und brauchen sich keine Vorwürfe zu machen oder gar schuldig zu fühlen.

Wenn wir mutwillig einem anderen Schaden zufügen –

etwa indem wir absichtlich einen Streit am Arbeitsplatz anzetteln –, dann ist der daraus entstehende Schmerz unser Werk, aber wenn wir in guter Absicht handeln und ein anderer Schaden nimmt, dann sind wir dafür nicht verantwortlich. Wenn wir etwa in freundlicher Absicht andere wissen lassen, wie ihre Handlungen aufgenommen wurden, und sie regen sich darüber auf, sind wir dafür nicht verantwortlich. Sollten wir aber unsere Worte schlecht gewählt haben, dann sind wir für Missverständnisse verantwortlich und müssen uns bemühen, sie zu bereinigen.

Wenn wir aufgrund unserer eigenen Verwirrung und störenden Haltung negativ handeln, helfen Schuldgefühle und Vorwürfe nicht weiter. Stattdessen sollten wir versuchen, die Situation, so gut es geht, in Ordnung zu bringen und auch Reinigungsrituale durchführen, um der negativen karmischen Spur in unserem Bewusstseinsstrom entgegenzuwirken. Vom buddhistischen Standpunkt her ist Schuldgefühl eine störende Haltung – sie trägt nicht zur Klärung der Situation bei und ist eine Form des Egozentrismus. Wenn wir uns mit emotionaler Selbstgeißelung strafen, ändern wir nichts an der Vergangenheit und entwickeln auch nicht unser Potential. So etwas lähmt uns nur und lässt uns in die Beschäftigung mit uns selbst versinken. Wenn wir dagegen Vertrauen in unsere Besserungsfähigkeit haben, weil wir wissen, dass wir das Potential zur gänzlichen Erleuchtung haben, werden wir unsere Fehler bedauern und positiv handeln, um der schädlichen Wirkung unseres Handelns entgegenzutreten.

Kann Meditation Probleme im Gefühlsleben lösen?

Das hängt von uns, unserem Lehrer und unserer Meditationspraxis ab. In manchen Fällen kann sie helfen. In anderen ist Hilfe durch einen Therapeuten wirksamer, und die Meditation dient als Ergänzung.

Was haben Buddhismus und Psychotherapie gemeinsam, und worin unterscheiden sie sich?

Beide versuchen zu ergründen, wie das menschliche Bewusstsein funktioniert. Beide bieten Techniken an, die Glück und Wohlbefinden durch die Schaffung konstruktiverer Bewusstseinszustände fördern sollen. Beide vermitteln diese Techniken durch die Anleitung erfahrener Menschen, und beide bestehen aus einer Vielfalt verschiedener Schulen mit jeweils leicht unterschiedlichen Ansätzen und Schwerpunkten.

In ihrem Endziel jedoch unterscheiden sich Therapie und Buddhismus. Die Therapie strebt danach, die Menschen in diesem Leben glücklich zu machen, während es dem Buddhismus um das Glück in zukünftigen Leben und die dauernde Glückseligkeit in der Befreiung geht. Die Therapie sieht nicht Unwissenheit, Zorn und Anhaftung als die Wurzel der Schwierigkeiten und damit auch nicht als Haltungen, die man gänzlich überwinden muss. Oft ermutigen Therapeuten die Menschen sogar, zornig zu sein auf die Menschen, die ihnen geschadet haben, und Mittel zu finden, um die Dinge zu erlangen, an die sie eine Anhaftung entwickelt haben. Der Buddhismus dagegen will Zorn, Anhaftung und Egoismus ganz und gar aus dem Bewusstsein entfernen.

Auch in den verwendeten Methoden bestehen Unterschiede zwischen Therapie und Buddhismus. Viele Therapien arbeiten damit, dass man sich an zurückliegende traumatische Erfahrungen erinnert und sie in der Gegenwart neu verarbeitet. Im Buddhismus soll dagegen der Schüler allgemeine Verhaltensmuster erkennen und ein Gegenmittel gegen sie entwickeln. Das Erinnern und Wiedererleben bestimmter Kindheitserfahrungen erscheint nicht wichtig. Einige Therapien beschäftigen sich mit dem Inhalt der Träume der Patienten – das tut der Buddhismus nicht. Bei der Meditation soll man Träume als Träume erkennen und ihre illusionäre Natur als Analogie dafür sehen, dass Dinge eine eigene Existenz zu haben scheinen, ohne dass dies tatsächlich der Fall ist.

Auch die Rolle des spirituellen Lehrers und die des Therapeuten sind unterschiedlich. Therapie findet entweder als Einzelbehandlung oder in kleinen Gruppen statt, in denen die Menschen ihre besonderen Probleme besprechen können. Spirituelle Lehrer unterweisen gewöhnlich größere Gruppen, und die Schüler sind selbst dafür verantwortlich, das Gelehrte zu praktizieren. Gewiss, wenn Schüler eine Einzelberatung brauchen oder Fragen zur Dharmapraxis haben, werden die geistigen Mentoren sich gern um sie kümmern. Sie haben Interesse am Fortschritt der Meditation ihrer Schüler und daran, wie gut es ihnen gelingt, den Dharma in ihr Alltagsleben einzubeziehen.

In der Beziehung zum Therapeuten wie zum Mentor kann es zu einer Übertragung kommen. Es hängt von der Bewusstheit und der praktischen Erfahrung des Therapeuten oder Lehrers ab, ob es zu einer Gegenübertragung kommt.

Psychologie und Buddhismus können eine Menge voneinander lernen, und das Interesse an diesem Dialog nimmt zu. Wir brauchen noch mehr Forschung und Diskussion auf diesem Gebiet.

Wie steht der Buddhismus zu Antidepressiva und anderen Medikamenten, die ein Glücksgefühl vermitteln sollen?

Das muss von Fall zu Fall untersucht werden. Im Folgenden gebe ich nur eine allgemeine Orientierung. Bei einer Depression kommen oft Störungen des chemischen Gleichgewichts im Gehirn und psychische Schwierigkeiten zusammen. Wenn Menschen schwer depressiv sind, können Medikamente das Wohlbefinden so weit wiederherstellen, dass sich die Patienten mit den psychischen Komponenten ihrer Depression auseinander setzen können. Wenn Antidepressiva dazu gebraucht werden, eine Störung des chemischen Gleichgewichts im Gehirn auszugleichen oder jemandem zu helfen, seinen Alltag zu bewältigen, ist gegen ihre Einnahme nichts einzuwenden. Nimmt man allerdings Antidepressiva, um sich nicht mit den psychischen Aspekten der Depression auseinander setzen zu müssen, so hilft das nicht weiter. Ebenso kann man nicht empfehlen, bei einer leichten Depression zu Antidepressiva zu greifen, statt zu prüfen, ob man nicht andere Dinge in seinem Leben ändern kann, die zur Depression beitragen – etwa gesundheitliche Störungen, mangelnde Bewegung, schlechte Ernährung, Stressfaktoren, eine falsche Deutung von Ereignissen und dergleichen.

14.
DER DHARMA IM TÄGLICHEN LEBEN

Wie können wir in der modernen Gesellschaft als Buddhisten leben, da doch die gängigen Werte und Aktivitäten sich so sehr von dem unterscheiden, was wir zu praktizieren suchen?

Je mehr wir über Buddhas Lehren nachdenken und von ihrer Gültigkeit überzeugt sind, desto leichter wird uns das Praktizieren fallen. Je mehr wir uns beispielsweise mit unserer eigenen Erfahrung auseinander setzen und erkennen, wie schädlich es ist, an materiellen Besitz gebunden zu sein, desto weniger Macht wird die Werbung über unser Bewusstsein haben. Da wir sehen können, wie schädlich unethisches Handeln ist, lassen wir uns nicht in die üblen Pläne anderer hineinziehen. Es braucht Zeit und Anstrengung, Buddhas Lehren in unser Bewusstsein hineinzunehmen, aber wenn wir das tun, machen wir auch allmählich Fortschritte.

Nehmen wir an, wir haben uns vorgenommen, keine Rauschmittel zu uns zu nehmen, und unsere Kollegen wollen nach der Arbeit noch mit uns ein Bier trinken gehen. Da müssen wir nun nicht unbedingt heftig gegen das Trinken wettern, können uns aber in aller Ruhe einen Saft bestellen. Zuerst mag uns das peinlich sein, und wir fürchten, uns lächerlich zu machen, weil uns so viel an unserem Ansehen bei anderen gelegen ist. Sind wir uns aber erst einmal selbst darüber im Klaren, was wir wollen und was wir nicht wollen – was kümmert uns dann die Meinung anderer? Die anderen trinken ja vielleicht auch nur, weil sie glauben, wir erwarteten es von ihnen, und sind womöglich erleichtert, wenn sie feststellen, dass das nicht der Fall ist. Wenn sie aber tatsächlich trinken wollen, kann jemand, der es nicht tut, ihnen wenigstens ein gutes Beispiel geben.

Freundlichkeit und echte Anteilnahme an anderen sind für das harmonische Zusammenleben von besonderer Bedeutung. Je stärker wir diese inneren Qualitäten entwickeln, desto mehr werden sie sich von selbst in unserem Verhalten und unserer Rede äußern. Mit diesen Eigenschaften können andere Menschen etwas anfangen, und sie bringen uns mehr Achtung ein als etwa die Tatsache, dass wir ihre Ansichten über Rauschmittel, die Todesstrafe oder Fernsehsendungen teilen. Wenn wir freundlich, fröhlich und mitfühlend sind, kommen wir auch mit anderen Menschen gut aus.

Wie können wir mit unseren nichtbuddhistischen Verwandten und Freunden über unser Interesse am Dharma sprechen?

Am Anfang unseres Übungsweges sind wir uns unserer selbst oft noch nicht so sicher, und wir haben noch kein starkes Vertrauen in den Dharma und reagieren daher sehr empfindlich auf Bemerkungen anderer über unser Tun. Wenn wir aber mit zunehmender Praxis entspannter werden, fällt es uns auch leichter, mit unseren Freunden, Verwandten und Kollegen über den Buddhismus zu sprechen. Dabei sollten wir natürlich nicht zu Predigern werden und mit buddhistischem Jargon um uns werfen, nur um andere zu beeindrucken. Wir sollten lieber die Fragen, die man uns stellt, einfach beantworten, so dass unsere Mitmenschen damit etwas anfangen können. Man kann auf vielerlei Weise über den Buddhismus sprechen, ohne Dharma-Vokabular zu benutzen, denn im Grunde ist ja beim Buddhismus der gesunde Menschenverstand gefragt. Wenn unsere Freunde mit uns über ihre Probleme sprechen, können wir mit ihnen über die Gegenmittel zu

Zorn, Eifersucht oder starker Anhaftung reden, ohne das Wort Buddhismus in den Mund zu nehmen. Den Menschen mehr zu sagen, als sie wissen wollen, ist nicht immer ratsam. Wenn uns jemand etwas fragt, sollten wir daher gut zuhören und seine Frage genau beantworten, ohne weiter über ganz andere und komplizierte Dinge zu reden, die vielleicht uns, aber nicht den anderen interessieren.

Wenn wir mit Angehörigen anderer Religionen sprechen, können wir auf die Punkte eingehen, die der Buddhismus mit ihrem Glauben gemeinsam hat. In allen Religionen haben Ethik, Liebe und Mitgefühl einen hohen Wert – also fängt man hier am besten an, wenn man den Buddhismus erläutern will. Sprechen Sie nicht gleich über Wiedergeburt, Karma, Buddha, Dharma, Sangha und andere ungewohnte Wörter und Konzepte. Wir können auch hervorheben, dass der Buddhismus der Auffassung ist, die Vielfalt der Religionen auf der Welt habe ihr Gutes, weil sie den Menschen die Möglichkeit gibt, die ihnen zusagende Philosophie und Praxis zu finden. Nicht jeder muss Buddhist werden. Solche Worte können im Gespräch mit Andersgläubigen Entspannung schaffen, denn wir geben ihnen so zu verstehen, dass wir ihren Glauben respektieren und sie nicht bekehren wollen.

Wer verheiratet ist, möchte vielleicht Ehepartner und Kinder mit den eigenen Lehrern und Dharma-Freunden bekannt machen oder, falls sie Interesse haben, mit ihnen das Dharma-Zentrum besuchen. Es gibt Menschen, die ihre Familien vernachlässigen, weil sie viel zu sehr damit beschäftigt sind, allen empfindenden Wesen zu helfen und ein Buddha zu werden. Sie üben Geduld mit jedermann – bis auf ihre Frau und ihre Kinder – und erwarten womöglich, dass der Rest der Familie alle Haushaltspflichten übernimmt, während sie meditieren. Geschickt ist das nicht gerade! Zwar wollen sich Praktizierende des Dharma aus einer zu starken Anhaftung an ihre Familie lösen, aber vernachlässigen sollen sie sie deshalb nicht. Zum Dharma gehört, wirkliche Liebe und echtes Mitgefühl nicht nur für Menschen zu entwickeln, die in anderen Erdteilen leben und die wir nie unmittelbar zu sehen bekommen, sondern auch für die Menschen, mit denen wir täglich Umgang haben!

Was können wir tun, wenn unsere Freunde und Verwandten unser Interesse am Dharma nicht unterstützen oder ihm gar feindselig gegenüberstehen?

Erst einmal müssen wir hinnehmen, dass sie so empfinden, und uns nicht darüber ärgern. Wenn wir ihnen gegenüber gereizt reagieren, erhöhen wir nur die Spannungen. Andererseits brauchen wir uns von der Familie auch nicht zur Aufgabe unseres Glaubens und unserer religiösen Praxis drängen zu lassen. Es ist zwar unklug, „jetzt erst recht" demonstrativ seine Religion auszuüben, aber wir brauchen uns auch nicht ängstlich zu verstecken. Wir können uns äußerlich an die Situation anpassen und doch weiter mit innerer Festigkeit praktizieren. Wenn unsere Familie beispielsweise mit einem Schrein voller Buddha-Bilder nichts anfangen kann, können wir die Bilder in unseren Dharma-Büchern liegen lassen und sie zum Meditieren herausholen.

In vielen Fällen wird unser Handeln andere vom Wert unserer Dharma-Praxis überzeugen. Wenn unseren Kollegen auffällt, dass wir geduldiger und toleranter geworden sind, werden sie wissen wollen, wie es zu diesem Wandel gekommen ist. Oder wir besuchen unsere Eltern, packen dort beim Hausputz zu und tragen den Müll hinaus – dann werden sie beeindruckt feststellen: „Zum ersten Mal seit vierzig Jahren hat unser Sohn im Haus geholfen. Der Buddhismus ist doch großartig!" Die nichtbuddhistische Ehefrau eines meiner Schüler ermutigt ihren Mann seit Jahren, an unserem alljährlichen neuntägigen Retreat teilzunehmen. Warum wohl? Jedes Mal, wenn er vom Retreat zurückkommt, ist er gelassener, mitteilsamer und liebevoller gegenüber seiner Familie.

Es ist schwer vorherzusagen, wer von unseren Freunden und Verwandten am Dharma Interesse entwickeln wird. Vielleicht glauben wir, ein besonders guter Freund könnte sich dafür interessieren, aber es lässt ihn kalt. Oder wir vermuten, dass eine Verwandte nicht über Buddhismus diskutieren will und stellen fest, sie ist durchaus aufgeschlossen. Wenn wir im Gespräch zu sehr unserer eigenen Vorstellung folgen, können wir andere Menschen vor den Kopf stoßen, aber wenn wir uns von dem Grad des Interesses und der Aufnahmebereitschaft unserer Freunde leiten lassen, ergeben sich gute Gespräche.

Wie können wir eine tägliche Meditationspraxis einführen, und was sollte darin inbegriffen sein?

Meditieren Sie in ihrem Haus an einem Ort, der ruhig und sauber ist, fern von Telefon und Computer. Wenn Sie möchten, können Sie dort einen kleinen Schrein aufstellen. Wenn Sie täglich um ungefähr die gleiche Zeit meditieren, gewöhnen Sie sich an Regelmäßigkeit. Viele Menschen ziehen es vor, morgens zu meditieren, wenn der Geist noch ganz frisch ist und der Alltag noch nicht begonnen hat. Andere meditieren lieber am Abend. Die Länge der Meditation muss stimmen – sie soll weder zu kurz noch zu lang sein. Vielleicht beginnen Sie mit 15 Minuten und verlängern die Zeit in dem Maße, wie es Ihnen gelingt, länger in Ruhe sitzen zu bleiben.

Was die Gestaltung der Meditationssitzungen angeht, halten Sie sich an die Anweisungen Ihres spirituellen Lehrers. Vielleicht beginnen Sie mit ein paar Gebeten, um Zuflucht zu nehmen und sich für die Meditation zu motivieren. Dann könnten Sie eine Atemmeditation anschließen und vielleicht, je nach Ihrer Tradition, noch eine andere Meditationsform. Die Meditationszeit ist eine Zeit der Ruhe für uns allein, in der wir unsere Erlebnisse verarbeiten, unser Leben betrachten, unsere guten

Eigenschaften fördern und nur mit uns selbst und den Buddhas und Bodhisattvas beschäftigt sind.

Müssen wir uns in die Berge zurückziehen und meditieren, um den Dharma zu praktizieren?

Keineswegs. Manche Menschen können ohne weiteres allein sein und durch Meditation eine höhere Wahrnehmungsstufe erreichen. Wenn aber ein längerer Rückzug in die Einsamkeit zum Ziel führen soll, müssen wir erst großes positives Potential angesammelt und eine gute Grundlage in der Dharma-Praxis erworben haben. Das alles kann man sich im Leben und Praktizieren innerhalb der Gesellschaft erwerben. So können wir den Dharma in unser Leben mit hineinnehmen und gleichzeitig der Gesellschaft direkt einen Dienst erweisen. Wenn wir dagegen fortgehen, um in der Einsamkeit zu leben, beseelt von träumerischen Vorstellungen, uns in der Meditation zu vervollkommnen, und dabei die Augen verschließen vor der Unzufriedenheit, die in unserem Geist herrscht, dann kann daraus nur Verwirrung und Unglücklichsein entstehen. Es ist klüger, in einer Art zu praktizieren, die unserem gegenwärtigen Bewusstseinsstand und unseren Fähigkeiten entspricht.

Wie können wir den Buddhismus in unser tägliches Leben einbeziehen? Wie vereinbaren wir Arbeit und spirituelle Praxis?

Fassen Sie gleich morgens nach dem Aufwachen den Vorsatz: „Heute will ich niemandem Schaden zufügen. Ich will anderen so viel wie möglich helfen. Mögen alle meine Handlungen auf das langfristige Ziel ausgerichtet sein, ein Buddha zu werden, damit ich anderen nützen kann." Meditieren Sie nach dem Aufstehen eine Weile, um Ihre innere Ruhe zu spüren, sich selbst kennen zu lernen und Ihr Handeln für den Tag auf die rechte Grundlage zu stellen.

Machen Sie sich im Verlauf des Tages Ihre Gefühle, Gedanken, Worte und Handlungen bewusst. Wenn Sie negative Emotionen oder schädliches Verhalten bei sich bemerken, wenden Sie die Gegenmittel an, die Buddha gelehrt hat. Um zum Beispiel einer Anhaftung entgegenzuwirken, denken Sie über die Vergänglichkeit nach, und um Zorn zu unterdrücken, führen Sie sich die Geduld, Liebe und Freundlichkeit anderer Menschen vor Augen. Sich auf diese Gegenmittel zu besinnen und sie anzuwenden wird uns natürlich umso leichter fallen, je mehr wir vorher über sie meditiert haben.

Haben Sie an einem Tag sehr viel zu tun, dann halten Sie zwischendurch inne, atmen Sie tief durch und finden Sie Ihre Mitte, bevor Sie zum Nächsten übergehen. Das kostet im Grunde nur eine Minute, und doch fällt es manchmal schwer zu pausieren, weil wir automatisch weiterhasten wollen. Es ist gut, sich das Innehalten anzugewöhnen. Statt gleich den Hörer vom Telefon zu nehmen, denken Sie erst: „Ich möchte freundliche Worte finden und dem anderen Menschen am Telefon weiterhelfen können" – erst dann nehmen Sie den Hörer von der Gabel! Wenn wir uns an unseren Schreibtisch setzen, können wir ein paar Sekunden ruhig durchatmen, bevor wir mit der Arbeit beginnen. Vor einer Ampel oder im Verkehrsstau können wir uns umsehen und denken: „All diese Menschen um mich herum wollen glücklich sein und Schwierigkeiten genauso vermeiden wie ich. Weil wir in unserer Gesellschaft alle voneinander abhängen, ziehe ich Nutzen aus all den verschiedenen Tätigkeiten dieser anderen Menschen, auch wenn ich sie nicht persönlich kenne." Dieser Gedanke kann auch helfen, wenn uns jemand schlecht behandelt. Wir können auch Begriffe, die mit dem Dharma zu tun haben, als Bildschirmschoner verwenden und uns sie so vergegenwärtigen: „Mitgefühl", „Rücksichtnahme" oder eine Formel wie *„om mani padme hum"*.

Nehmen Sie sich abends etwas Zeit, die Ereignisse des

Tages Revue passieren zu lassen und sich von schädlichen Haltungen und Verhaltensweisen zu reinigen. Freuen Sie sich an den Veränderungen und den positiven Einstellungen, die Sie entwickeln, und widmen Sie das ganze positive Potential der Erleuchtung aller Menschen. Wir erwarten oft blitzartige Erleuchtung und sind nicht bereit, viel Zeit oder Energie darauf zu verwenden. Leider geht es aber nicht ohne Anstrengung! Eine tiefgreifende Änderung kann nur allmählich stattfinden. Darum sollen wir uns auch an unseren Fortschritten und an denen unserer Mitmenschen freuen, statt unzufrieden über das zu sein, was wir noch nicht erreicht haben.

Was können wir tun, wenn unsere Praxis unter dem Einfluss der äußeren Umgebung nachlässt und es uns schwer fällt, unsere Anhaftung unter Kontrolle zu bringen?

Ein ausgezeichnetes Gegenmittel ist die tägliche Meditation. Setzen Sie sich morgens ruhig hin und vergegenwärtigen Sie sich, was an einer Anhaftung nicht gut ist, erinnern Sie sich an Tod und Vergänglichkeit und richten Sie Ihre Gedanken auf die liebevolle Zuwendung zu anderen. Machen Sie sich im Laufe des Tages Ihre Gedanken, Worte und Taten bewusst. Wenn wir eine starke Anhaftung an etwas entwickelt haben, halten wir uns als Anfänger am besten davon fern. Wie es einem zwanghaften Esser schwer fällt, zu einer Einladung zu gehen und anderen beim Essen zuzusehen, so wird es auch uns schwer fallen, in der Nähe des Objekts der Anhaftung zu sein und davon nicht berührt zu werden. Mit zunehmender innerer Übung werden wir stärker und fühlen uns weniger stark zum oberflächlichen Glanz hingezogen. Wir können wieder mit den Gegenständen und Menschen, denen unsere Anhaftung galt, zusammen sein und dabei innere Ruhe empfinden. Sollten unsere Freunde uns vorschlagen, an Orte zu gehen oder Dinge zu tun, die in uns altgewohnte Gefühle der Anhaftung, des Zorns oder der Eifersucht wachrufen, können wir einen Gegenvorschlag machen oder die Einladung ablehnen. Wenn es uns ernst ist mit unserer Praxis, werden wir ganz von selbst neue Freunde mit einem ähnlichen Interesse am Dharma finden, die unserer weiteren Entwicklung einen positiven Anstoß geben werden.

15.

SOZIALES ENGAGEMENT UND ETHISCHE FRAGEN

Welche Haltung nimmt der Buddhismus gegenüber sozialen Projekten ein?

Soziale Projekte sind unbedingt notwendig und eine sehr gute Sache. Als Buddhisten suchen wir Liebe und Mitgefühl für andere auf geistiger Ebene zu entwickeln, aber das muss sich auch in Taten äußern. Seine Heiligkeit der Dalai Lama hat öfters gesagt, dass Buddhisten vom christlichen Beispiel aktiver Nächstenliebe und ihrem Engagement in den Gemeinden lernen können. Die Einrichtung von Schulen, Krankenhäusern, Sterbehäusern, Beratungsstellen und Suppenküchen für Bedürftige kommt den Mitmenschen unmittelbar zugute. Aber auch bei dieser Arbeit müssen wir auf der Hut sein vor Parteilichkeit, Stolz und Zorn. Unsere Haltung und unser Handeln müssen auf das Wohl anderer ausgerichtet sein.

Die Menschen haben verschiedene Anlagen und Begabungen und üben daher auch den Dharma auf verschiedene Art aus. Manche konzentrieren sich auf Studium und Lehre, andere arbeiten zum Wohl der Gesellschaft, und wieder andere meditieren. Nicht alle Buddhisten wollen sich in sozialen Projekten engagieren, aber wer die Neigung dazu verspürt, kann in ihnen den Dharma umsetzen.

Kann Buddhismus soziales Engagement rechtfertigen?

Wie bei vielen Fragen lautet hier die Antwort: Es kommt darauf an. Ob Gutes, Hilfreiches oder Schädliches dabei entsteht, hängt davon ab, warum wir handeln, wie wir handeln und was wir verändern wollen. Mit Vorgehensweisen und Methoden, die gegen die allgemeinen buddhistischen Prinzipien der Gewaltlosigkeit und der Toleranz verstoßen, richten wir Schaden an. Wenn wir politische Ziele verfolgen, die der Allgemeinheit zugute kommen, aber unsere Motivation nicht stimmt, werden die langfristigen Ergebnisse nicht gut sein. Wenn uns etwa moralische Empörung treibt und wir deshalb unsere Mitmenschen als unfähig, intrigant und egoistisch betrachten, ist das wohl kaum eine konstruktive Motivation für soziales Engagement. Wenn wir eine Situation als „wir gegen den Rest der Welt" sehen und für uns beanspruchen, im Recht zu sein, weil nur wir das Allgemeinwohl im Auge hätten, und wir glauben, die anderen seien im Unrecht, unterscheidet sich unsere Motivation nicht von der des Gegners! Solch eine Haltung führt uns dazu, die andere Seite zu verachten, und wir sind wieder in einem Kreislauf gefangen, der uns Anhaftung an die uns nahe Stehenden und Hass für den Gegner empfinden lässt.

Soziale und politische Probleme sind weder einfach zu erfassen noch leicht zu lösen. Langzeitperspektiven und erhebliche Anstrengungen sind notwendig. Das mag uns zwar vom Verstand her klar sein, aber in Worten und Taten scheinen wir trotzdem nach schnellen, einfachen Lösungen zu streben. Wir müssen für alle an einem Konflikt beteiligten Parteien Verständnis entwickeln, denn alle wollen glücklich sein und Probleme vermeiden. Wenn wir beispielsweise Holzfäller als Zerstörer unserer Umwelt sehen und nur die Schäden, die sie anrichten, aufhalten wollen, haben wir eine beschränkte Perspektive. Die Holzfäller streben genauso wie wir nach Glück und müssen auch ihre Familien ernähren. Wir müssen ihre Sorgen ernst nehmen und nach Lösungen suchen, die ihnen Alternativen zu diesem Broterwerb bieten.

Rechtfertigt der Glaube an zukünftige Leben, sich mit sozialer Ungerechtigkeit in diesem Leben abzufinden?

Bedeutet das Gesetz des Karmas, dass wir Unterdrückung hinnehmen sollen? Führt das Streben nach Nirwana dazu, die Übel dieser Welt zu ignorieren und nur nach der Erlösung zu streben?

Auf alle drei Fragen lautet die Antwort: Nein. Bei Menschen, die den Buddhismus nicht recht verstanden haben, mag es solche Missverständnisse geben, z. B.: „Es gibt ja die Wiedergeburt, also werden die Armen im nächsten Leben die Gelegenheit bekommen, reicher zu werden, und ich brauche ihnen jetzt nicht zu helfen", „die Unterdrückten müssen viel negatives Karma produziert haben, um in diese Lage gekommen zu sein, und ich würde mich nur in ihr Karma einmischen, wenn ich versuchte, ihre Not zu lindern" oder „Leiden ist Teil des Daseinszyklus. Da lässt sich nichts machen, also widme ich mich ausschließlich meiner spirituellen Praxis und schenke den Übeln der Welt keine Beachtung". Solche Vorstellungen zeugen von einem falschen Verständnis von Karma und Nirwana. Liebe und Mitgefühl für die Mitmenschen sind die grundlegenden buddhistischen Prinzipien, und nur wer nach ihnen handelt, ist auf dem Weg zur Befreiung. Das Leiden in der Welt ist zwar aus dem Karma entstanden, aber wir können doch dazu beitragen, ihm Einhalt zu gebieten. Auch wenn im zyklischen Dasein kein dauerhaftes Glück möglich ist, müssen wir doch versuchen, schweres Leid zu lindern und relatives Glück zu schaffen.

Soziales Engagement kann sogar ein Mittel sein, andere auf den Weg des Dharma zu bringen. Wer kann schon meditieren, wenn er hungert? Wenn wir Hungernde speisen, beenden wir ihr unmittelbares Leid und bringen sie mit freundlich gesinnten Menschen in Kontakt. Das kann bei ihnen ein Interesse an spiritueller Praxis erwecken.

Einerseits lebt kein Mensch nur für sich allein, und wir müssen einander beistehen. Andererseits ist Meditation eine einsame Beschäftigung, die zur Entwicklung von

Weisheit und Mitgefühl notwendig ist. Müssen wir uns entscheiden zwischen Meditation und aktivem Leben, oder lässt sich ein Gleichgewicht finden?

Beides ist wichtig. Durch Meditation können wir uns von unseren Unzulänglichkeiten reinigen und unsere guten Eigenschaften verstärken, damit wir uns wirksam um unsere Mitmenschen kümmern können. Genauso wie jemand, der Krankheiten heilen will, zunächst Medizin studieren muss, bevor er Patienten behandeln kann, muss jemand, der anderen den Weg des Dharma weisen will, selbst studieren und praktizieren, bevor er andere anleiten kann. Meditation gibt uns Zeit und Raum zur Innenschau. So können wir uns auf die Ausbildung unserer guten Eigenschaften und das Zurückdrängen der schädlichen konzentrieren. Die in der Meditation gewonnene Erkenntnis in die Praxis umzusetzen – dazu gibt es beim sozialen Engagement reichlich Gelegenheit. Der Umgang mit den Mitmenschen ist gewissermaßen die Probe aufs Exempel, wo sich zeigt, woran wir noch arbeiten müssen. Darüber hinaus gewinnen wir aus der aktiven Hilfe, die wir anderen gewähren, positives Potential für unseren Bewusstseinsstrom und können so in der Meditation weiter fortschreiten.

Da wir alle verschieden sind, werden diese beiden Elemente auf unterschiedliche Weise in unserem Leben zur Geltung kommen, und von Zeit zu Zeit ändern wir vielleicht die Gewichtung. Manchmal engagieren wir uns mehr in der Gesellschaft, dann wieder verhalten wir uns eher kontemplativ. In Zeiten, in denen wir uns vor allem der Meditation widmen, müssen wir aber aufpassen, dass sich unser Altruismus nicht im Abstrakten und Intellektuellen verliert. Ebenso müssen wir zu Zeiten sozialen Engagements weiterhin täglich meditieren, um den ruhenden Pol in uns zu bewahren, aus dem heraus wir handeln.

Wie können wir Burnout verhindern, wenn wir für das Wohl unserer Mitmenschen arbeiten?

Einerseits sollten wir immer wieder unsere Beweggründe überprüfen und uns immer wieder versichern, dass wir unsere Arbeit aus Mitgefühl heraus tun. Andererseits müssen wir einschätzen lernen, was wir leisten können, und unsere Verpflichtungen in einem realistischen Maß halten. Vielleicht sind wir manchmal so von dem Bodhisattva-Ideal begeistert, dass wir uns an jedem Projekt, auf das wir stoßen, beteiligen wollen, obwohl wir weder die Zeit noch die Fähigkeit haben, es zu Ende zu bringen. Aufgrund dieses Über-Engagements treiben wir uns selbst zur Erschöpfung, und wir empfinden Abneigung gegen die, die mit unserer Hilfe rechnen. Wir sollten also die Lage erst genau einschätzen, ehe wir uns verpflichten, und nur für das Verantwortung übernehmen, was wir tatsächlich durchführen können.

Außerdem wollen wir nicht vergessen, dass Schwierigkeiten und Unzufriedenheit Teil des zyklischen Daseins sind. Projekte wie die Verhinderung von Atommülldeponien, der Kampf gegen Unterdrückung, der Kampf gegen die Zerstörung der Regenwälder und Hilfe für Obdachlose haben alle große Verdienste, aber selbst wenn man all diese Ziele erreichte, hätte man noch nicht alles Übel aus der Welt verbannt. Die Hauptursache für das Leid liegt im menschlichen Geist. Solange Unwissenheit, Anhaftung und Zorn im Geist der Menschen vorhanden sind, wird es keinen dauernden Frieden auf der Erde geben. Wenn wir also erwarten, dass unsere soziale Arbeit auf keine Hindernisse stößt, und eine Anhaftung an die Ergebnisse unser Mühen entwickeln, ist die Enttäuschung unausweichlich, wenn wir unsere Ziele nicht erreichen. Wir müssen uns vergegenwärtigen, dass es im zyklischen Leben gute und schlechte Zustände gibt, dass aber alle nur vorübergehend sind und keiner zur letztendlichen Befreiung führt. Wenn wir realistisch sind, können wir in der Welt arbeiten, ohne zu erwarten, das Paradies auf Erden zustande zu bringen. Jedenfalls können wir unsere spirituelle Praxis fortsetzen in dem Bewusstsein, dass sie schließlich zum Ende unseres Leids und des Leids unserer Mitmenschen führen wird.

Sollten wir weiterhin versuchen, Menschen zu helfen, wenn sie unsere Hilfe ablehnen?

Hier kommt es auf den Einzelfall an. Zunächst müssen wir überprüfen, aus welchen Gründen wir anderen Menschen helfen wollen. Tun wir es, weil wir zu wissen glauben, was für „dieses arme Wesen, das mit dem Leben nicht zurechtkommt", das Beste ist? Oder brauchen wir das Gefühl, gebraucht zu werden? Aus einer solchen Haltung heraus kann es uns durchaus passieren, dass wir anderen unseren Rat aufdrängen, und sie ziehen sich von uns zurück.

Wir müssen uns auch fragen, ob wir taktvoll vorgegangen sind oder ob wir mit unserer Hilfe vielleicht die Selbstachtung eines anderen verletzt haben. Haben wir vielleicht durch unseren Versuch, jemandem zu helfen, andere Menschen gedemütigt? Haben wir versucht, ihr Problem so zu lösen, wie es uns richtig schien, ohne sie zu konsultieren? Wenn das zutrifft, steckt hinter unseren Beweggründen vielleicht auch ein Stück Egozentrik, auch wenn es uns schien, wir würden zum Wohle unserer Mitmenschen handeln.

Manchmal haben wir aber auch in gutem Glauben und mit Takt gehandelt, aber die anderen nehmen unsere Bemühungen nicht an oder stehen ihnen feindselig gegenüber. In einem solchen Fall sollten wir unsere Bemühungen einstellen. Eine Tür zur Verständigung sollten wir aber offen lassen, so dass die Betreffenden immer noch ohne weiteres Kontakt mit uns aufnehmen können, wenn sie sich anders besinnen. Verlassen wir dagegen nach einem erfolglosen Versuch zu helfen die Szene mit

Worten wie: „Sieh nur, was ich alles für dich getan habe, und du weißt es nicht einmal zu schätzen!", verstärken wir nur die ablehnende Haltung uns gegenüber und verhindern, dass man uns in Zukunft um Hilfe bittet. Manchmal liegt die wirksamste Hilfe im Hinnehmen der Situation, in Geduld und Nichtstun.

Liegt den Buddhisten die Umwelt am Herzen?

Auf jeden Fall – nur leider fehlt vielen Menschen das nötige Wissen. Selbst wenn Umweltfragen in die Schlagzeilen geraten, sind manche Buddhisten nicht zu einfachen kleinen Beiträgen zum Umweltschutz (wie Recycling) bereit. Dosen, Gläser, Flaschen und Papier gewissenhaft zum Recycling zu bringen, gehört zur Rücksichtnahme zu Hause. Aus Mitgefühl und Sorge um andere sollten wir den Gebrauch von nicht recycelbarem Wegwerfmaterial in unseren Tempeln und Dharmazentren minimieren und so viele Stoffe wie möglich recyceln.

Viele westliche und asiatische Buddhisten machen sich Gedanken über die Umwelt und engagieren sich in sozialen Projekten. In dieser Hinsicht tut sich vor allem die *Buddhist Peace Fellowship* (Box 4650, Berkeley CA 94704, USA) hervor, die auch Literaturlisten und Adressen sozial engagierter buddhistischer Organisationen in aller Welt weitergibt und aus ihrem Archiv Nummern ihrer ausgezeichneten Zeitschrift zur Verfügung stellt. In *The Path of Compassion*, hrsg. von Fred Eppsteiner (Parallax Press), wird soziales Engagement aus buddhistischer Perspektive dargestellt. (Siehe auch im Internet unter www.bpf.org.)

Gibt der Buddhismus Leitlinien für den Umweltschutz?

Durchaus, denn die drei wichtigsten Lehren des Buddhismus handeln ja von der Abhängigkeit alles Bestehenden voneinander, vom Schutz des Lebens und der liebenden

Zuwendung zu anderen. Die Abhängigkeit alles Bestehenden voneinander – das bedeutet hier, dass das Überleben der empfindenden Wesen und der Umwelt voneinander abhängen. Also liegt es im menschlichen Interesse, die Umwelt zu schützen. Zur buddhistischen Tradition gehört das Prinzip der Gewaltlosigkeit und der Schutz des Lebens. Da Menschen wie Tiere Formen des Lebens sind, tritt der Buddhismus für den Schutz gefährdeter Arten ein. Der Buddhismus steht für die liebende Zuwendung der Menschen zueinander. Das schließt künftige Generationen und alle anderen Lebewesen ein, und daher legt der Buddhismus nicht nur Wert auf den Schutz der Erde, von der wir alle abhängen, sondern auch aller auf ihr lebenden Wesen.

Eine der Hauptursachen für die Ausbeutung der Umwelt durch den Menschen ist die Anhaftung. Wir streben nach immer mehr und nach immer Besserem und nehmen uns von der Erde, was wir bekommen können. Dabei ignorieren wir die langfristigen Folgen. Wenn wir unsere Anhaftung dadurch verringern, dass wir uns mit dem zufrieden geben, was wir haben, können wir in größerer Harmonie leben mit unserer Umwelt und den Lebewesen, die sie mit uns teilen.

Was sagt der Buddhismus über die Rechte der Tiere?

Der Buddhismus betrachtet Tiere als Lebewesen, die Freude und Schmerz empfinden und ihr Leben genauso lieben wie der Mensch. Darum können Buddhisten das Einschläfern streunender Katzen und Hunde nicht vertreten. Auch können sie nicht mit grausamen Tierversuchen, den schlimmen Zuständen in der Schlachtviehhaltung oder dem Töten von Tieren zur Herstellung von Pelzmänteln und Schaffellteppichen einverstanden sein. Theoretisch legt der Buddhismus Vegetariertum nahe, doch ist das keine Bedingung, und es gibt unter Buddhisten auch viele Nichtvegetarier.

Warum essen Buddhisten mancher Traditionen Fleisch, während andere Vegetarier sind?

Zunächst erscheint es recht verwirrend, dass die Anhänger des Theravada auf Sri Lanka und in Südostasien Fleisch essen, die chinesischen Mahayana-Anhänger aber nicht. Dagegen essen die Mahayana-Buddhisten in Japan Fleisch, und tibetische Vajrayana-Anhänger tun es auch. Diese Unterschiede sind durch die unterschiedlichen Schwerpunkte der einzelnen Traditionen zu erklären. In der Lehre des Theravada liegt der Schwerpunkt auf der Lösung der Anhaftung an das Sinnliche. Das ist verbunden mit einer Ablehnung des wählerischen „Ich esse wohl dieses, aber jenes lasse ich mir nicht vorsetzen". Wenn also Nonnen und Mönche Almosen sammeln, nehmen sie still und dankbar entgegen, was man ihnen anbietet. Wenn ein Mönch sagte: „Fleisch kann ich nicht essen, gebt mir lieber mehr von dem leckeren Gemüse", würde er seine Gastgeber kränken, und auf dem Wege der Loslösung von der sinnlichen Anhaftung würde er zurückgeworfen. Solange das Fleisch von einem Tier stammt, das der Mönch nicht selbst tötet, dessen Tötung er verlangt hat oder von dem er weiß, dass es seinetwegen getötet wurde, darf er es also essen. Diejenigen aber, die einem Sangha zu essen geben, sollten sich daran erinnern, dass der erste buddhistische Grundsatz ist, anderen keinen Schaden zuzufügen, und dementsprechend handeln.

Die Mahayana-Tradition nimmt das Nicht-anhaften-Wollen als Ausgangspunkt und rückt das Mitgefühl für andere Wesen in den Vordergrund. So wird einem Praktizierenden dieser Tradition geraten, kein Fleisch zu essen, um keinem anderen Wesen Schmerz zuzufügen und dafür zu sorgen, dass niemand durch das Schlachten von Tieren negative Handlungen begeht. Auch kann die unwissende, wollüstige und aggressive Energie des Tieres auf den gewöhnlichen Praktizierenden übergehen, wenn er Fleisch isst, und ihn daran hindern, sein Mitgefühl weiterzuentwickeln – ein weiterer Grund, vegetarische Ernährung zu empfehlen. Chinesische Mahayana-Nonnen und -Mönche sind strikte Vegetarier, aber Laien dürfen Fleisch essen.

Obwohl die Buddhisten in Japan auch zum Mahayana gehören, essen sowohl Priester als auch Laien im Allgemeinen Fleisch und Fisch. Das hängt mit der geographischen Lage Japans zusammen, denn die Menschen waren immer auf das Meer als Nahrungsquelle angewiesen.

Der Tantrische Pfad oder Vajrayana unterscheidet vier Klassen. In den zwei unteren Klassen werden äußere Sauberkeit und Reinheit als Mittel zur Erlangung geistiger, innerer Reinheit eingesetzt. Darum essen hier die Praktizierenden kein Fleisch, denn es gilt als unrein. Andererseits setzt der qualifizierte Praktizierende des höchsten Yoga-Tantra auf der Grundlage von Nicht-Anhaftung und Mitgefühl sein subtiles Nervensystem in der Meditation ein. Dafür braucht der Körper elementare Stärke, und so wird das Essen von Fleisch empfohlen. In diesem Tantra-Grad geht es auch um die Umwandlung des Gewöhnlichen durch Meditation und Selbstlosigkeit. Aufgrund ihrer hohen Meditationsstufe essen die Praktizierenden das Fleisch nicht gierig zum Vergnügen.

In Tibet muss man einen weiteren Faktor berücksichtigen: Wegen der Höhenlage und des rauen Klimas gibt es abgesehen von Gerste, Milchprodukten und Fleisch kaum etwas zu essen. Fleisch war einfach zum Überleben notwendig. Seine Heiligkeit der Dalai Lama hat jedoch Tibeter, die im Exil in Ländern mit reicher Obst- und Gemüseversorgung leben, aufgefordert, sich beim Fleischverzehr so weit wie möglich zurückzuhalten.

Wenn Praktizierende unter ernsten Gesundheitsstörungen leiden, können ihre spirituellen Lehrer ihnen vorschlagen, Fleisch zu essen. So können sie ihren Körper gesund erhalten, um den Dharma zu praktizieren.

Buddha nannte drei Umstände, die es seinen Anhängern, ob Ordinierten oder Laien, verbieten, Fleisch zu essen: 1) wenn sie selbst das Tier töten, 2) wenn sie jemanden bitten, es für sie zu töten, oder 3) wenn sie wissen oder vermuten, dass das Tier getötet wurde, um ihnen zur Nahrung zu dienen. Wenn sie diese drei Möglichkeiten, an Fleisch zu kommen, meiden, verursachen die Menschen nicht die negative Handlung des Tötens. Da stellt sich natürlich die Frage: „Und das Fleisch, das man käuflich erwirbt – darf man das essen?“ Viele Lehrer sagen, das sei erlaubt. Ich selbst bin allerdings der Meinung, dass davon das Karma doch betroffen wird, denn die Nachfrage der Verbraucher sorgt für das Fleischangebot, und dafür muss getötet werden. Das dadurch geschaffene Karma unterscheidet sich aber von dem, das entsteht, wenn man unmittelbar ein Tier tötet.

Wenn man schon Fleisch isst, soll man das Fleisch von großen Tieren essen. Dadurch müssen weniger Tiere zum Essen getötet werden. Es muss nur eine Kuh getötet werden, um mehrere Menschen mit mehreren Mahlzeiten zu versorgen, wohingegen viele Krabben sterben müssen, um eine Mahlzeit für einen einzigen Menschen zu liefern. Die Fleischesser sollten ein Gefühl der Dankbarkeit und des Mitgefühls den Tieren gegenüber entwickeln, die ihr Leben gelassen haben, damit sie essen können. So entwickelt sich bei ihnen der Wunsch, den Dharma gut auszuüben, um so den Tieren ihre Freundlichkeit zu entgelten. Nichtvegetarier können auch siebenmal das Mantra *ahbirakay tsara hung* über das Fleisch sprechen und für das Tier beten, dass es eine glückliche Wiedergeburt haben möge.

Nach dem, was sie auf ihrem Teller haben, können wir die Menschen nicht in „gute“ und „schlechte“ Buddhisten einteilen. Wer Fleisch voll Dankbarkeit und Mitgefühl für das Tier verzehrt, kann spirituell höher stehen als „vegetarische Fundamentalisten“, die nur ihren eigenen Standpunkt gelten lassen. Jeder Mensch muss seine eigene Praxisstufe, seine körperlichen Bedürfnisse, die Nahrungsquellen in seiner Umgebung beurteilen und seine Ernährung danach richten, ohne darauf zu bestehen, dass alle anderen seinem Beispiel zu folgen haben. Nicht was wir essen erleuchtet uns, sondern was wir mit unserem Geist tun.

Ist das Spenden von Organen im Sinne des Buddhismus gut?

Im Allgemeinen ist es gut, Teile des eigenen Körpers dem Wohle anderer zur Verfügung zu stellen. Das ist heute leichter als in der Vergangenheit, denn oft kann beispielsweise eine Niere ohne Komplikationen von einem Menschen zum anderen transplantiert werden. Jeder Fall muss jedoch für sich betrachtet werden, unter Berücksichtigung der Beweggründe der Beteiligten und der Art der Erkrankung.

Ob man seine Organe nach dem Tod zur Verfügung stellen will, ist eine Entscheidung, die von Mensch zu Mensch unterschiedlich ausfallen wird, je nach dem Bewusstseinszustand und der erreichten Ebene in der spirituellen Praxis. Werden die Organe entnommen, wenn zwar Herzstillstand eingetreten ist, das Bewusstsein aber noch nicht völlig erloschen ist, könnte der Sterbeprozess unterbrochen werden. Das könnte nachteilige Folgen haben, die aber bei manchen Menschen durch ihr Mitgefühl und ihren starken Wunsch, anderen zu helfen, überwunden werden können. Das wäre dann eine besonders hohe Form der Nächstenliebe. Hier muss jeder seine eigene Entscheidung treffen.

Welche Haltung nimmt der Buddhismus zur Abtreibung ein?

Nach buddhistischer Auffassung vereint sich das Bewusstsein mit der Eizelle im Augenblick der Empfängnis. Damit ist der Embryo ein lebendes Wesen. Eine ungewollte Schwangerschaft ist eine schwierige Situation, und wir müssen uns etwas einfallen lassen, um den Menschen in dieser Lage zu helfen. Hier können wir nicht einfach schwarz und weiß malen – jeder Fall ist einmalig. Welche Entscheidung auch immer getroffen wird – es wird unweigerlich Schmerz damit verbunden sein.

Schon seit einiger Zeit wird in Amerika die Abtreibungsfrage heftig diskutiert, und jede Seite behauptet, im Recht zu sein. Ich sehe jedoch in beiden Lagern viel Zorn und sehr wenig Mitgefühl. Dabei brauchen wir doch das Mitgefühl für die Eltern und für das betroffene Kind. Wir müssen versuchen, in einem Fall, für den es keine vollkommene Lösung geben kann, die bestmögliche zu finden, und das bedeutet, kurz- und langfristige Folgen sowohl für die Eltern als auch für das Kind im Auge zu haben. So kann die Beendigung einer Schwangerschaft kurzfristig das Problem lösen, aber die Eltern müssen die Last ihrer Gefühle danach bewältigen, und das durch sie und den Arzt geschaffene Karma wird ihre zukünftige Glückseligkeit beeinträchtigen.

Bessere Aufklärung und Sexualberatung vor allem bei Teenagern ist notwendig. Die jungen Leute müssen auch realistisch über die Liebe aufgeklärt werden. Aber dazu müssten die Erwachsenen erst einmal selbst zu Vorbildern werden! Dazu gehört auch, die romantischen Märchen- und Hollywoodvorstellungen, die uns geprägt haben, abzubauen. Wir sollten auch Adoptionsmöglichkeiten verbessern, damit kinderlose Paare zu Kindern kommen. Ich bin jedenfalls froh über die Entscheidung der leiblichen Eltern derjenigen meiner Freunde und Verwandten, die adoptiert wurden. Ohne diese Entscheidung wäre ich diesen Menschen, die mir so lieb geworden sind, nie begegnet.

Erlaubt der Buddhismus Geburtenkontrolle?

Ja, aber es kommt auf die Methode an. Geburtenkontrolle durch Empfängnisverhütung ist erlaubt. Wenn aber die Empfängnis stattgefunden hat und das Bewusstsein in die Eizelle eingedrungen ist, ändert sich die Lage. Wir sind daher nicht für die Pille danach oder den Gebrauch der Spirale oder Ähnliches.

Welchen Standpunkt nimmt der Buddhismus zur Todesstrafe ein?

Das Leben ist der wertvollste Besitz des Menschen, auch wenn er Verbrechen begeht. Statt der Todesstrafe empfiehlt der Buddhismus die Rehabilitation von Verbrechern oder Gefängnisstrafen, aber auch für das Einsperren von Menschen muss es gute Gründe geben. Solche Gründe können sein, einen Menschen daran zu hindern, anderen zu schaden und mehr negatives Karma zu schaffen, das ihn in künftiges Elend stürzen würde. Vergeltung und Schadenfreude beim Bestrafen unserer Mitmenschen widerspricht der warmherzigen Haltung, die wir als Buddhisten entwickeln wollen.

Lässt sich Selbstverteidigung angesichts der buddhistischen Betonung der Gewaltlosigkeit überhaupt rechtfertigen?

Nicht immer ist Selbstverteidigung mit Gewalt verbunden, und Gewaltlosigkeit heißt nicht, dass man sich alles gefallen lässt. Wir können Wege suchen, uns vor Schaden zu schützen, ohne anderen Schaden zuzufügen – oder zumindest nur so wenig Schaden wie möglich. In der Zeit, die uns zur Verfügung steht, können wir versuchen, unsere Selbstbezogenheit zu verringern und über Mitgefühl nachzudenken, ehe wir handeln.

Wer andere mehr als sich selbst liebt, würde im Allgemeinen eher sein eigenes Leben hingeben als einen anderen töten. Vor langer Zeit war einmal ein General erbost über einen Mönch, der sich weigerte, seine Frage zu beantworten. Er zog sein Schwert und brüllte: „Weißt du, dass ich dich ohne weiteres damit durchbohren könnte?"

Der Mönch entgegnete ganz ruhig: „Weißt du, dass ich mich damit ohne weiteres selbst hätte durchbohren können?“ Wenn wir keine Anhaftung an unseren Körper empfinden und andere nicht töten wollen, können wir bereit sein, unser eigenes Leben hinzugeben.

Die meisten Menschen können das aber nicht heiteren Sinnes über sich bringen. Wenn wir aber eine Tötung für unausweichlich halten, sollten wir uns bemühen, dabei keinerlei Freude zu empfinden, sondern bedauern, dass wir jemandem Schmerz zufügen müssen. Wenn die Absicht, Schaden zuzufügen, wenig ausgeprägt ist, ist auch der Schaden, den dieses Handeln für unser Karma bewirkt, geringer. Die Wirkung auf das Karma kann auch durch Reinigung herabgesetzt werden.

Was können wir im Krieg tun, wenn die Menschen, die wir lieben, bedroht sind?

Es ist immer besser, schwierige Situationen mit den Mitteln der Gewaltlosigkeit zu bewältigen. Mit Klugheit und Phantasie können wir oft solche anderen Lösungen finden, und mit Diplomatie lässt sich sicher mehr als mit Krieg erreichen. Wie schwierig unsere Lage auch sein mag, wir haben immer die Wahl zwischen verschiedenen Möglichkeiten. Wir können jemanden ablenken oder verletzen, statt ihn zu töten. Wir sollten uns im Kriegsfall genau überlegen, wie wir uns entscheiden, und abwägen, welche Wirkung Töten oder Nichttöten in diesem und in künftigen Leben hat. Auch die Wirkung einer solchen Handlung auf uns und andere ist zu bedenken. Dann können wir entscheiden, was uns am besten (oder am wenigsten schädlich) scheint, auch wenn es vielleicht keine Patentlösung gibt.

Wie bekämpfen wir Ungeziefer im Haus?

Hier können wir uns etwas einfallen lassen! Man braucht die Tiere nicht zu töten. Vielleicht dauert es etwas länger, eine Ameise auf einem Stück Papier nach draußen zu tragen oder eine Spinne oder Küchenschabe in einem Plastikbehälter zu fangen und im Gras abzusetzen, aber wenn wir uns die Folgen des Tötens vor Augen halten und die Tatsache, dass die Tiere ihr Leben ebenso lieben wie wir, dann nehmen wir die Extramühe gern in Kauf.

Kann Töten überhaupt erlaubt sein?

Aus den früheren Leben des Shakyamuni Buddha als Bodhisattva wird folgende Geschichte überliefert: Er war damals Kapitän eines Schiffs und wusste, dass der Steuermann die fünfhundert Kaufleute an Bord umbringen und berauben wollte. Mitgefühl erfüllte ihn, nicht nur für die Opfer, sondern auch für den Steuermann, der infolge seines Karmas später die Qualen würde erleiden müssen, die aus der Tötung so vieler Menschen entstehen würden. So entschloss er sich, den Steuermann zu töten. Da aber seine Beweggründe rein waren, war die karmische Auswirkung dieser Tötung nur gering, und er schuf großes positives Potential, das ihn auf dem Weg des Bodhisattva voranbrachte.

16.
FRAUEN UND DER DHARMA

Können sowohl Männer als auch Frauen Befreiung und Erleuchtung erlangen?

Die Ansichten darüber gehen in den verschiedenen buddhistischen Traditionen auseinander. Im Vajrayana können Frauen und Männer gleichermaßen Befreiung und Erleuchtung erreichen. Im Theravada und in den meisten Formen des Mahayana heißt es jedoch, dass es zwar möglich ist, mit einem weiblichen Körper zur Befreiung zu gelangen, dass man aber, um völlige Erleuchtung zu erlangen, bei der allerletzten Wiedergeburt einen männlichen Körper haben muss. Als Buddha steht man über der Unterscheidung von männlich und weiblich. Ein erleuchtetes Wesen kann sich in jeder Art von Körper zeigen, menschlich oder tierisch, männlich oder weiblich, solange es nur den empfindenden Wesen dient.

Unsere Geschlechtszugehörigkeit ist wie alles Übrige ein aufgeklebtes Etikett, dem man entnehmen kann, wie einzelne Körperzellen beschaffen sind. Wenn wir uns als männlich oder weiblich bezeichnen, steht das nur für den in diesem Leben angenommenen Körper. In früheren Leben ist jeder von uns schon als Frau oder Mann geboren worden. Wenn wir unseren Atem betrachten oder unseren Geist bei der Meditation beobachten, können wir klar erkennen, dass unser Geist weder männlich noch weiblich ist. Darum sollten wir diesen Kategorien nicht mehr Bedeutung beimessen, als sie tatsächlich haben.

Können Frauen während der Menstruation Opfer bringen und beten? Können sie in dieser Zeit meditieren?

Selbstverständlich. Alles andere ist Aberglauben.

Ist es für eine Frau schwerer, den Dharma zu praktizieren als für einen Mann?

In dieser Allgemeinheit lässt sich die Frage nicht beantworten, denn alle Menschen sind verschieden. Bei manchen Frauen führt der Menstruationszyklus zu Stimmungsschwankungen, aber sie können lernen, damit umzugehen. Männer können schließlich auch launisch sein! Ich glaube, dass für Frauen das Haupthindernis in mangelndem Selbstvertrauen und einer Unterschätzung ihrer Fähigkeiten liegt. Das liegt an den in der Gesellschaft gültigen Werten und an ihrer Erziehung in der Familie. Wenn wir nicht überzeugt sind, dass wir etwas gut bewältigen können, versuchen wir es auch nicht. Was für eine Verschwendung menschlicher Fähigkeiten! Wir sind intelligente menschliche Wesen, die nicht nur dem Dharma begegnet sind, sondern auch die Voraussetzungen zum Praktizieren und zum Erlangen von Erkenntnis mitbringen. Also, packen wir's an! Der Erfolg unserer Übung hängt von unserem Selbstvertrauen und unserem Bemühen ab, nicht von der Meinung anderer. Im Laufe der Geschichte sind viele Frauen zu Befreiung und Erleuchtung gelangt. Im Therigatha, einigen Mahayana-Sutren und in tantrischen Biographien wird von weiblichen Praktizierenden berichtet, die Arhats, Bodhisattvas und Buddhas geworden sind. Auch heute gibt es Frauen, die in der Meditation und in der Lehre hohe Stufen erreicht haben und buddhistische Zentren leiten.

Sind oder waren Frauen in buddhistischen Institutionen gleichberechtigt?

In den meisten westlichen und asiatischen Kulturen ist der Handlungsspielraum der Frauen begrenzter, und ihre soziale Stellung ist niedriger als die der Männer. In den letzten Jahren hat sich die Stellung der Frauen und die Möglichkeiten, die sich ihnen bieten, in den westlichen Gesellschaften stark verändert – nicht so sehr in Asien. Im sechsten Jahrhundert vor Christus, zu Lebzeiten Buddhas, galten Frauen als den Männern untergeordnet, und ihre Rolle in der Gesellschaft war stark eingeschränkt. Im Einklang mit den Normen der damaligen indischen Gesellschaft verfügte Buddha, dass die Nonnen hinter den Mönchen sitzen sollten, dass sie nach ihnen bedient werden sollten und dass die Nonnengemeinschaften überhaupt den Mönchen unterstellt sein sollten. Das liegt an den Bräuchen der altindischen Gesellschaft und sagt nichts über die Intelligenz oder die Fähigkeiten von Frauen aus. Auf dem Pfad der Erleuchtung steht der Mann für den methodischen Aspekt, die Frau symbolisiert Weisheit!

Es heißt zwar, dass Buddha sich anfangs weigerte, Frauen in seinen Mönchsorden aufzunehmen, aber bald stimmte er der Bildung einer Nonnengemeinschaft zu, in der die Frauen in vollem Maße ordiniert waren. Das war für die altindische Gesellschaft ein revolutionärer Schritt. Damals galten Frauen als Eigentum – erst ihrer Väter, dann ihrer Ehemänner und schließlich ihrer Söhne. In der Gesellschaft, in der Buddha lebte, war es bemerkenswert, dass er die Fähigkeit der Frauen erkannte, Befreiung und Erleuchtung zu erreichen, und dass er sie darin bestärkte, indem er ihnen die volle Ordination ermöglichte. Außer den Jainas war der Buddhismus damals die einzige Religion, die die Ordination von Frauen kannte.

Obwohl die Fähigkeit der Frauen, den Dharma zu praktizieren und hohe Stufen der Erkenntnis zu erlangen, in der Tradition anerkannt wurde, standen sie in den buddhistischen Institutionen aufgrund hergebrachter Vorurteile immer an zweiter Stelle. Die interne Praxis weicht allerdings erheblich von dem ab, was äußere Machtstrukturen und gesellschaftliche Rangordnungen nahe legen, und der wahre Praktizierende kümmert sich eher um diese Praxis. Das heißt aber auch nicht, dass Frauen einfach nur die institutionellen Gewichtungen hinzunehmen haben. Wir müssen daran arbeiten, sie zu ändern – nicht aus Stolz und Zorn, sondern weil wir wollen, dass Männer und Frauen gleichermaßen gut praktizieren und Erleuchtung erlangen können.

Im Buddhismus gibt es verschiedene Stufen der Ordination für Frauen – die acht Gebote, das Novizentum *(sramanerika),* die Probezeit *(siksamana)* und die volle Ordination *(bhikshuni).* Die für Frauen erreichbare Ordinationsstufe ist in den einzelnen Ländern unterschiedlich, und dementsprechend werden in den verschiedenen Gesellschaften Asiens die praktizierenden Frauen eingestuft. In der chinesischen, koreanischen und vietnamesischen Tradition können Frauen vollständig ordiniert werden. Sie haben oft einen hohen Bildungsstand und sind sozial engagiert, so dass sie als spirituelle Lehrer anerkannt sind. In China übertrifft die Zahl dieser Nonnen zur Zeit die der Mönche. Dagegen gibt es in Thailand keine volle Ordination für Frauen, und Frauen, die sich den acht Geboten unterwerfen, haben einen Zwischenstatus zwischen Laien und Ordinierten. Der Status der Frauen auf Sri Lanka, die sich zehn Verpflichtungen unterziehen können, ist ähnlich. In Tibet ist die Novizenordination für Frauen möglich, aber alle Stufen bis zur vollen Ordination sind nicht bis Tibet vorgedrungen. Obwohl es in Tibet viele wichtige praktizierende Frauen gab, gibt es zur Zeit nur wenige tibetische Dharma-Lehrerinnen.

Heute sind Buddhistinnen, in deren Tradition die volle Ordination von Frauen nicht vorgesehen ist, daran interessiert, sie einzuführen. Sowohl Mönche als auch Nonnen arbeiten daran, wie sich der Ordinationsweg von einer Tradition auf die andere übertragen lässt. Einige

Frauen – aus Asien wie aus dem Westen – sind schon nach Taiwan, Hongkong, Frankreich oder in die Vereinigten Staaten gegangen, um sich in chinesischen, vietnamesischen oder koreanischen Tempeln ordinieren zu lassen.

Was lässt sich für die Verbesserung der Situation von Nonnen und weiblichen Praktizierenden tun?

Der Buddhismus muss im Westen seine kulturelle Voreingenommenheit gegen Frauen aufgeben, denn in der heutigen westlichen Kultur wird sie nicht hingenommen. Zur Zeit sind im Westen die Frauen in den buddhistischen Organisationen sehr aktiv und arbeiten oft als Leiterinnen oder Lehrerinnen. Da Frauen aber immer noch diskriminiert werden, müssen wir aufpassen, dass die Vorurteile gegen Frauen sich nicht in die Übersetzungen buddhistischer Texte, in Rituale und Lehre des Buddhismus im Westen einschleichen. Das gilt insbesondere für die Übersetzung buddhistischer Texte, die geschlechtsneutral etwa von Bodhisattvas als „Buddhas geistigen Kindern" statt von seinen „Söhnen" sprechen sollten.

Sowohl in Asien als auch im Westen werden neue Nonnenklöster, Nonnengemeinschaften und Bildungseinrichtungen für Frauen aufgebaut. Diese müssen finanziert werden, um arbeiten und ihren Beitrag zur Verbreitung des Dharma leisten zu können. Frauen, die an einem langen Retreat teilnehmen wollen, brauchen Unterstützung, ebenso Frauen, die an Sozialprogrammen arbeiten, Dharma-Bücher veröffentlichen und Texte übersetzen. Das sollten diejenigen bedenken, die zur Unterstützung des Dharmas finanziell beitragen wollen.

Seit 1987 werden internationale Konferenzen für buddhistische Frauen abgehalten, und eine internationale Frauenorganisation („Sakyadhita") ist gegründet worden. Es gibt mindestens zwei internationale Newsletter für Frauen, und das Interesse an der Verbesserung aller Lebensaspekte praktizierender Frauen nimmt zu. Es beflügelt, Frauen aus verschiedenen Kulturen und Traditionen in dem Wunsch zusammenkommen zu sehen, die Lehren Buddhas in moderne Praxis umzusetzen.

17.

MÖNCHE, NONNEN UND LAIEN

Was ist mit der Ordination als Mönch oder Nonne verbunden?

Zur Ordination gehört das Befolgen bestimmter Vorschriften oder Gelübde, die Buddha eingeführt hat. Allem liegt zugrunde, dass ein Mensch sich verpflichtet, all seine körperlichen, sprachlichen und geistigen Kräfte produktiv einzusetzen, statt unbesehen jedem Gedanken zu folgen, der ihm gerade in den Kopf kommt. Die Novizenordination besteht in der Annahme von zehn Lebensvorschriften. Diese sind in der tibetischen Tradition wieder in 36 Vorschriften unterteilt. Zur vollen Ordination gehören mehr als zwei- oder dreihundert Vorschriften – die genaue Zahl hängt von der jeweiligen Tradition und davon ab, ob es sich um einen Mann oder eine Frau handelt.

Auch Laien können Gelübde ablegen, die in diesem Fall die fünf Laienverpflichtungen genannt werden. Es sind die Gebote, nicht zu töten, nicht zu stehlen, sich sexuell nicht leichtsinnig zu verhalten, nicht zu lügen und keine Rauschmittel zu sich zu nehmen. Manche Laien können auch ein Gelübde für die acht Lebensvorschriften ablegen. Die drei weiteren Auflagen sind 1) nicht zu singen, zu tanzen, Musik zu machen, Schmuck und Parfüm zu tragen und Kosmetika zu benutzen, 2) nicht auf einem hohen oder teuren Sitz oder Bett zu sitzen, 3) nicht nach Mittag zu essen. Bei den acht Lebensvorschriften ist die dritte die Vorschrift der Ehelosigkeit. Diese acht Lebensvorschriften kann ein Praktizierender auch nur für einen Tag befolgen, wie es oft an Neumond- und Vollmondtagen und an buddhistischen Festtagen getan wird; aber im Prinzip ist es auch an jedem anderen Tag möglich.

Wer sich entschließt, Mönch oder Nonne zu werden oder die fünf Verpflichtungen auf sich zu nehmen, bittet seinen Lehrer, das Gelübde ablegen zu dürfen. Wenn der Lehrer meint, dass man eine gute Grundlage hat, wird er die Zeremonie vorbereiten.

Welchen Nutzen bringt es, das Mönchs- oder Nonnengelübde abzulegen? Ist die Ordination zur Ausübung des Dharma notwendig?

Zum Ausüben des Dharma ist es nicht notwendig, Mönch oder Nonne zu werden. Jeder Mensch muss für sich selbst entscheiden, ob er das Gelübde ablegen will. Es gibt in der Geschichte viele Laien, die eine hohe Stufe der Erkenntnis erreicht haben. Von ihrem Leben zu hören kann inspirieren und zur Nachahmung anregen.

Mit dem Ablegen des Gelübdes sind jedoch auch bestimmte Vorzüge verbunden: Indem man nach den Vorschriften lebt, sammelt man ständig positives Potential. Solange sich Menschen, die ihr Gelübde abgelegt haben, daran halten, führen sie ihrem Bewusstseinsstrom ständig positives Potential zu, selbst im Schlaf. Sie haben mehr Zeit zum Praktizieren und werden weniger abgelenkt, denn ihre Energien werden nicht von Familienverpflichtungen aufgezehrt. Kinder brauchen ja viel Aufmerksamkeit, und es ist schwierig zu meditieren, wenn sie in der Nähe spielen oder schreien. Wer sich durch diese Dinge zu sehr abgelenkt fühlt und neben der inneren Ruhe, die er sucht, auch einen großen Vorrat an positivem Potential ansammeln will, entschließt sich vielleicht zum Ablegen eines Gelöbnisses, um besser praktizieren zu können.

Wie kann man als Laie den Dharma praktizieren?

Den Dharma können Laien auf dieselbe Art wie jeder andere praktizieren – durch Beherrschen ihres Geistes. In manchen buddhistischen Kulturen unterschätzen manche Menschen ihre Möglichkeiten und denken: „Ich bin nur ein Laie. Der Lehre zuhören, singen und meditieren ist etwas für Mönche und Nonnen, nicht für mich. Ich gehe einfach nur zum Tempel, verneige mich, bringe Opfer und bete für das Wohlergehen meiner Familie." Das ist zwar gut und recht, aber Laien sind zu einem reichen spirituellen Leben fähig, im Studium des Buddhismus ebenso wie bei seiner Umsetzung im täglichen Leben. Es ist wichtig, regelmäßig zu Dharma-Vorträgen zu gehen und wann immer möglich an Retreats teilzunehmen. Dadurch kann man die eigentliche Wahrheit und Schönheit des Dharma begreifen. Sonst bleibt man ein „Räucherstäbchen-Buddhist", der im Tempel unter großem Brimborium seine Räucherstäbchen anzündet, aber auf Fragen zum Buddhismus nicht antworten kann - ein trauriger Zustand! Es gibt aber sowohl in Asien als auch im Westen viele Buddhisten, die voll Eifer meditieren und den Dharma studieren, und das ist ein gutes Zeichen.

Laienbuddhisten können sich den fünf Verpflichtungen für ihr ganzes Leben oder den acht Vorschriften für besondere Tage unterwerfen. So üben sie sich im bewussten Leben und schaffen viel positives Potential. Außerdem können sie an Wochenend-Retreats und Lehrveranstaltungen in Tempeln und Dharma-Zentren teilnehmen oder einen Teil ihres Jahresurlaubs für einen längeren Retreat nutzen.

Die Verantwortung für das Fortbestehen und die Weitergabe der Lehren Buddhas liegt bei Mönchen, Nonnen und Laien. Wenn wir Buddhas Lehre wertschätzen und wollen, dass sie weiterlebt und gedeiht, dann sind wir verpflichtet, sie nach Kräften in uns aufzunehmen und zu leben.

Werden Menschen Mönche und Nonnen, um der harten Realität des Lebens zu entkommen?

Statt der Realität zu „entkommen", versuchen aufrichtig Praktizierende, ihr auf den Grund zu gehen! Sinnlichem Vergnügen nachjagen, sich mit Fernsehen ablenken, einen Einkaufsbummel machen oder trinken – das sind Wege, der Realität zu entfliehen, denn sie lenken uns von der Realität des Todes und dem Zusammenhang von Ursache und Wirkung ab. Darin sieht der Dharma eine Form der Bequemlichkeit, da man sich nicht bemüht, Anhaftung, Zorn und Engstirnigkeit zu beherrschen.

Wer die Frage nach der Realitätsflucht stellt, glaubt, dass Arbeit, eine Hypothek und eine Familie schwierig zu bewältigen sind und die „harte Realität des Lebens" darstellen. Dabei kann es sehr viel schwerer sein, sich nichts vorzumachen und unsere eigenen falschen Vorstellungen und unser schädliches Verhalten als solche zu erkennen. Wer meditiert und betet, kann vielleicht weder einen Wolkenkratzer noch ein dickes Gehaltskonto als Erfolgszeichen vorweisen, aber deshalb ist er keineswegs faul und verantwortungslos. Seinen Zorn, seine Anhaftung und Engstirnigkeit zu bekämpfen und unsere destruktiven körperlichen, verbalen und emotionalen Gewohnheiten zu ändern erfordert harte Arbeit. Wer ein Buddha werden will, muss sich über lange Zeit hinweg sehr viel Mühe geben.

Wenn Menschen ins Kloster gehen, um ein leichtes Leben zu haben, handeln sie aus unreiner Motivation und finden das Leben unter den Gelübden unbefriedigend. Daraus entsteht Leid – Anhaftung, Unwissenheit und Zorn folgen uns überallhin. Sie brauchen keinen Pass, um mit uns in ein anderes Land zu reisen, und sie bleiben auch nicht vor den Toren des Klosters zurück. Wenn wir nur unser Haupt scheren und ein Mönchsgewand anlegen müssten, um den Ärger des Lebens hinter uns zu lassen, täte es vermutlich jeder! Leider ist es aber nicht so einfach. Solange wir Anhaftung, Unwissenheit und Zorn in uns tragen, können wir den Problemen nicht entkommen, ob wir nun ordiniert sind oder nicht.

Manche Leute glauben: „Nur wer es im Leben zu nichts bringt, wird Mönch oder Nonne. Vielleicht haben sie Schwierigkeiten mit ihrer Familie oder sie waren schlecht in der Schule, vielleicht finden sie auch keine gute Arbeit. So leben sie im Tempel und legen ein Gelübde ab, damit sie ein Zuhause haben und beschäftigt sind." Wer sich aus diesem Grund ordinieren lässt, den treiben nicht die richtigen Beweggründe, und die Lehrer, die die Ordination erteilen, müssen die Spreu vom Weizen trennen. Diejenigen aber, die aus den richtigen Beweggründen ihr Gelübde ablegen, streben mit allen Kräften danach, ihr Potential zu entwickeln, ihren Geist zu beherrschen und anderen beizustehen.

Geloben alle Mönche und Nonnen, ehelos zu bleiben, oder dürfen sie heiraten?

Alle Mönche und Nonnen legen das Gelübde der Ehelosigkeit ab. In Japan hat sich eine Tradition der Laienpriester entwickelt, die kein Zölibat geloben und heiraten dürfen. Manche Priester scheren sich den Kopf und tragen ein Gewand, andere nicht.

Im tibetischen Buddhismus kann man als Laie eine Familie haben und dabei als spiritueller Lehrer tätig sein. Aus Achtung vor dem Dharma tragen solche Lehrer manchmal auch Gewänder, die beinahe aussehen wie Mönchskleidung. Wenn man die feinen Unterschiede in der Kleidung nicht kennt, ist das manchmal verwirrend, und man wundert sich, warum ein „Mönch" oder eine „Nonne" lange Haare trägt. Deshalb hat Seine Heiligkeit der Dalai Lama diese Praktizierenden aufgefordert, ein weißes Band an ihren Umhang zu heften, das zeigt, dass sie Laien sind und keinem Kloster angehören.

Kann man auch nur für eine kurze Zeit ordiniert werden, oder ist das nur für die gesamte Lebenszeit möglich?

Das ist in den einzelnen buddhistischen Traditionen unterschiedlich. In Thailand kann ein Mann für ein paar Wochen oder Monate Mönch werden. Das tun die meisten jungen Männer in Thailand, und es wird als Ehre für ihre Familien angesehen. In anderen Traditionen gibt es nur lebenslange Ordination. Wer jedoch in seinem Mönchs- oder Nonnendasein unglücklich ist und den Orden später verlassen will, kann sein Gelübde widerrufen und ins Laienleben zurückkehren. Manche Menschen entschließen sich, für ein Jahr die acht Mahayana-Vorschriften zu befolgen, und ihre spirituellen Lehrer geben ihnen die Erlaubnis, während dieser Zeit Mönchs- oder Nonnengewänder zu tragen, obwohl sie streng genommen weiterhin Laien sind.

Wie ist das Verhältnis zwischen Sangha (Mönchen und Nonnen) und Praktizierenden im Laienstand?

Nach der Vorgabe Buddhas ist es die Aufgabe der Sangha, ihr Gelübde einzuhalten, den Dharma zu studieren und zu praktizieren und die Laien zu lehren und zu leiten. Die Laien ihrerseits geben ihnen, was zum Leben notwendig ist – ein Dach über dem Kopf, Kleidung, Nahrung und Medikamente. Auf diese Art gewannen die ordinierten Praktizierenden mehr Zeit für Studium und Meditation, so dass sie auf dem Pfad der Erleuchtung fortschreiten und so andere Mitglieder der Gesellschaft wirksamer führen konnten. Diese Beziehung ist mehr oder weniger in allen buddhistischen Traditionen erhalten geblieben, allerdings in unterschiedlicher Form. In der chinesischen Ch'an (Zen)-Tradition wird Arbeit als Teil des Praktizierens gewürdigt, und Mönche und Nonnen leisten neben ihrem Studium und ihrer Meditation auch Feldarbeit. In Thailand hält man sich strikt an das Gelübde, dass Klosterangehörige kein Geld in die Hand nehmen. Die Laien geben dem Sangha nicht nur, was er braucht, sondern helfen auch bei den im Kloster anfallenden manuellen Tätigkeiten.

In Asien sind Mönche und Nonnen im Allgemeinen hoch angesehen, und man sorgt für sie, weil diese Gesellschaften die Ausübung des Dharmas hoch schätzen. Die Ordensmitglieder sollten sich jedoch auch als Diener ihrer Mitmenschen sehen und nicht hochmütig werden, wenn man ihnen Gaben bringt oder ihnen mit Achtung begegnet. Sonst leidet ihre eigene Praxis.

Im Westen ist das Verhältnis von Ordinierten und praktizierenden Laien erst im Entstehen begriffen. Es wird von der demokratisch und nicht so hierarchisch strukturierten westlichen Gesellschaft geprägt sein. Das ist in mancher Hinsicht gut, hat aber auch erhebliche Nachteile. Zum Beispiel sorgen die westlichen Klöster oder Dharma-Zentren nicht immer für die finanziellen Bedürfnisse ihrer Sangha. Deshalb müssen einige Mönche und Nonnen im Westen Laienkleidung anlegen und sich durch Arbeit ernähren. Andere haben genug, um von der Hand in den Mund zu leben, aber wenn sie krank werden oder zu Lehrveranstaltungen oder zu einem Retreat reisen wollen, stoßen sie auf finanzielle Schwierigkeiten.

Sagen sich Menschen, die sich ordinieren lassen, von ihren Freunden und Verwandten los?

Keineswegs. Ihre Entscheidung, selbst keine Familie zu gründen, bedeutet nicht, dass sie sich von ihren Eltern und Geschwistern lossagen. Zwar wollen diejenigen, die das Gelübde abgelegt haben, ihre Anhaftung an ihre Freunde und Verwandten aufgeben, aber sie lieben ihre Verwandten immer noch und wissen ihre Herzenswärme zu schätzen. Aber sie begrenzen ihre eigenen herzlichen Gefühle nicht auf eine solche vergleichsweise kleine Gruppe von Menschen. Indem sie in ihre Liebe alle Mitmenschen einschließen, streben sie danach, gleichermaßen Liebe für alle Lebewesen zu entwickeln und sie als Teil ihrer Familie zu betrachten. Das zeigt sich in ihrer Arbeit an der Verbesserung der Welt durch ihrer religiöse Praxis.

Indem sie ihr Bewusstsein reinigen und entwickeln, gelingt es Mönchen und Nonnen, ihre Mitmenschen in der Richtung der dauernden Glückseligkeit durch den Dharma zu führen. Sie wissen, welch großer Nutzen daraus nicht nur ihren Familien, sondern auch der Gesellschaft als Ganzes erwächst. Selbst wenn sie in diesem Leben keine hohe Stufe der Erkenntnis erreichen, bekommen sie doch eine weitere Perspektive und arbeiten für langfristiges Glück und Nutzen, getragen von dem Gedanken: „Wenn ich mein weltliches Leben fortsetze, werden meine störenden Haltungen zum Vorschein kommen, und ich werde anderen schaden und Ursachen für meine eigene unglückliche Wiedergeburt schaffen. Wie kann ich dann meiner Familie und allen anderen helfen? Wenn ich aber den Dharma ausübe, werden sich meine eigenen Fähigkeiten entwickeln, und ich werde besser in der Lage sein, ihnen zu helfen." So bleiben sie weiterhin innerlich mit ihren Verwandten und Freunden verbunden, auch wenn sie nicht wie andere Menschen in einer Familie leben.

Wie sollten Eltern dazu stehen, wenn ihre Kinder in ein Kloster eintreten?

Sie sollten sich freuen, denn es ist ein Zeichen, dass es ihnen gelungen ist, durch ihre Erziehung in ihrem Kind einen Sinn für ethische Disziplin und Einsatz für andere zu erwecken. Manche Eltern sind bestürzt, wenn ihr Kind beschließt, in ein Kloster einzutreten. Sie fürchten, dass es dort unglücklich sein könnte, und sie fürchten die finanzielle Unsicherheit. Manche Eltern werden zornig und denken: „Wir haben uns deine Ausbildung etwas kosten lassen. Wer wird sich um uns kümmern, wenn wir alt sind und du in einem Kloster lebst?"

Solche Eltern meinen es gut und wollen, dass ihr Kind sein Glück findet. Aber Familie, Beruf und Besitz sind nicht der einzige Weg zum Glück. Gewiss waren die Eltern des Shakyamuni Buddha auch bestürzt, als er sein luxuriöses Leben im Palast hinter sich ließ, um nach dem dauernden Glück der Erleuchtung zu streben. Aber Eltern, die den Dharma begreifen, werden wünschen, dass ihr Kind jetzt und in der Zukunft glücklich ist, und sie werden begreifen, dass religiöse Praxis ein Weg dazu ist. Sie werden sich freuen, dass ihr Kind sich den edlen Zielen des Dharma widmet.

Ist es ein schmerzlicher Verzicht, das Mönchs- oder Nonnengelübde abzulegen?

Das sollte es nicht sein. Mitglieder eines Ordens sollten nicht das Gefühl haben, dies oder jenes gern tun zu wollen und durch ihr Gelübde daran gehindert zu werden. Mit solchen Gefühlen kann man nicht frohen Herzens sein Gelübde ablegen. Das Aufgeben negativer Handlungen soll doch eine Freude und keine Last sein und soll durch die Betrachtung von Ursache und Wirkung zustande kommen.

Wenn wir ein Gelübde ablegen, seien es nun die fünf Verpflichtungen für Laien oder Mönchs- und Nonnengelübde, müssen wir uns innerlich darauf einstellen: „Tief in meinem Herzen habe ich beschlossen, nicht zu töten, zu stehlen, zu lügen …." Es gibt im Leben Augenblicke der Schwäche, in denen wir in Versuchung kommen, diese Dinge zu tun. Dann schöpfen wir aus den Vorschriften zusätzliche Kraft und Entschlossenheit, wirklich nicht zu tun, was wir nicht tun wollen. Wir haben beispielsweise die ehrliche Absicht, nicht zu töten, aber wenn unsere Wohnung von Küchenschaben befallen wird, ist die Versuchung groß, ein Insektizid zu benutzen. Wenn wir aber gelobt haben, nicht zu töten, dann werden wir uns an unseren Vorsatz erinnern. Er wird uns von der negativen Haltung abbringen, die zu negativem Handeln führen könnte. So können Gelübde eine Befreiung und nicht eine Einschränkung bedeuten, denn sie helfen uns,

uns von gewohnheitsmäßigen ungesunden Neigungen zu befreien.

Zuweilen begegnen wir Buddhisten, sowohl Laien als auch Ordinierten, die griesgrämig sind und mit denen schwer auszukommen ist – trotz ihrer religiösen Praxis. Wie kommt das?

Nicht alle Buddhisten haben es bereits zum Buddha gebracht! Manche Menschen nehmen Buddhas Anleitung zu ethischen Fragen nicht ernst. Und selbst diejenigen, die es tun, müssen lange an sich arbeiten, um ihr Bewusstsein umzuformen. Zorn zu beseitigen ist keine leichte Aufgabe. Das wissen wir aus eigener Erfahrung. Wenn wir zum Aufbrausen neigen, reicht es nicht, sich gut zuzureden: „Das sollte ich aber nicht tun!“, um diese Gewohnheit aufzugeben. Wir müssen ständig auf die richtige Weise üben, um nicht in die alten Fehler, die Gefühle und Verhaltensweisen zu verfallen, die uns zwar vertraut sind, die aber dennoch fehl am Platze sind. Wenn wir unseren Geist lange üben, können wir unsere Energie in andere Bahnen lenken.

Wir müssen mit uns selbst und anderen Geduld haben. Wir kämpfen alle gegen denselben inneren Feind – störende Haltungen, negative Emotionen und die Spuren vergangenen Handelns. Manchmal haben wir die Kraft, uns ihnen zu stellen, doch zu anderen Zeiten sind Zorn, Eifersucht, Anhaftung oder Stolz stärker. Es hilft nichts, wenn wir uns deshalb Vorwürfe machen. Ebenso ist es zwecklos, andere zu tadeln, wenn es ihnen passiert. Da wir wissen, wie schwer es ist, sich zu ändern, müssen wir auch mit unseren Mitmenschen Geduld haben.

Als Praktizierende auf demselben Weg müssen wir auf Ausgleich bedacht sein und die Schwächen der anderen akzeptieren. Es ist nicht unsere Aufgabe, auf sie zu zeigen und zu sagen: „Warum kommst du in der Praxis nicht weiter? Warum kannst du deine Launen nicht beherrschen?“ Unsere Aufgabe ist es, uns selbst zu fragen: „Warum übe ich mich nicht mehr, so dass ich mich nicht mehr über ihr Tun ärgere?“, und außerdem müssen wir fragen: „Was kann ich tun, um ihnen zu helfen?“

Wenn auch die Praktizierenden nicht vollkommen sind, heißt das nicht etwa, dass die von Buddha gelehrten Methoden unvollkommen sind. Es zeigt vielmehr, dass diese Menschen sie nicht gut ausüben oder dass sie noch nicht genug geübt sind. Die Lehren Buddhas jedoch sind nicht zu tadeln, und jeder, der sich fortwährend in der richtigen Praxis übt, wird sich auf jeden Fall ändern können und zu hohen Erkenntnisstufen gelangen.

18.
SPIRITUELLE LEHRER

Ist ein spiritueller Lehrer notwendig? Wie findet man einen?

Die Anleitung durch einen oder mehrere qualifizierte spirituelle Lehrer ist eine große Hilfe. Bücher können uns zwar informieren, aber ein Lehrer kann unsere Fragen beantworten und uns ein Beispiel geben, wie man die Lehren im praktischen Leben umsetzt. Wir können mehr als einen Lehrer haben, aber meist wird einer von ihnen unser wichtigster oder Wurzelguru.

Die Verantwortung für die Suche nach qualifizierten Lehrern liegt bei uns. Das ist vor allem hier im Westen wichtig, wo wir uns in einer Art „spirituellem Supermarkt" befinden. Nicht jeder, der lehrt, befindet sich auf einer höheren Stufe der Erkenntnis – es ist nicht einmal gesagt, dass er ethische Grundsätze hat. Wir müssen die Lehrer kennen lernen, ehe wir sie als unsere Lehrer annehmen. Dazu sollten wir uns die Ausführungen verschiedener Lehrer anhören, ihr Verhalten beobachten und den Gehalt ihrer Lehre überprüfen, ehe wir in aller Ruhe eine Entscheidung treffen.

Nach welchen Eigenschaften sollten wir bei der Wahl eines Lehrers Ausschau halten?

Qualifizierte Lehrer handeln nach ethischen Grundsätzen, verfügen über eingehende Meditationserfahrung und haben ein richtiges Verständnis der Leerheit entwickelt. Sie haben auch eingehend das buddhistische Schrifttum studiert, können in einer Reihe von Dharma-Themen unterweisen und haben eine gute Beziehung zu ihren eigenen Lehrern. Der Beweggrund für ihre Lehrtätigkeit liegt in der Anteilnahme an ihren Schülern und nicht in dem Wunsch nach Geschenken und Ruhm. Sie haben Mitgefühl und Geduld und werden versuchen, ihren Schülern zu helfen, gleichgültig, wie viele Fehler diese machen. In ihrer Lehre folgen sie den allgemeinen buddhistischen Prinzipien und ändern nicht die Bedeutung des Dharma, um mehr Schüler an sich zu binden oder mehr Geschenke zu erhalten.

Sind alle Dharma-Lehrer Mönche oder Nonnen, oder können sie auch praktizierende Laien sein?

Sowohl Mönche und Nonnen als auch Laien können Dharma-Lehrer sein. Während Lehrer im Laienstand Familien haben können, sind Klosterangehörige immer unverheiratet. Bei der Wahl unserer Lehrer sollten wir darauf schauen, wer sich als Vorbild für uns eignet, und ihrem Beispiel folgen.

Wie ist das Verhältnis zu unseren Lehrern?

Wenn wir die Qualitäten eines Lehrers anerkennen und ihm mit Respekt begegnen, kann uns das nur dienlich sein, denn durch diese Achtung für ihn öffnen wir uns und lassen uns von ihm leiten. Wenn wir für unsere Lehrer sorgen und ihnen bei den notwendigen Aufgaben helfen, haben sie mehr Zeit zum Lehren, und wir gewinnen wertvolle Erfahrung und schaffen positives Potential. Das wichtigste Element in unserer Beziehung zu unseren Lehrern ist aber das Nachdenken über ihre ausgezeichnete Lehre und ihre Umsetzung in die Praxis. Ob wir Dharma-Anleitungen als Gruppe erhalten oder einzeln, sie werden zu unserem Nutzen gegeben, und wir sollten sie nach bestem Vermögen umsetzen.

Unsere Lehrer achten und ihrer Lehre folgen heißt nicht, dass wir in eine ungesunde Beziehung mit ihnen geraten dürfen. Manchmal wird von der „Unterwerfung" unter den spirituellen Führer gesprochen. Was unterworfen werden soll, sind unsere Egozentrik, störende Haltungen und negative Emotionen, nicht unsere Lebensklugheit und die Verantwortung für unser eigenes Leben. Wenn ein Lehrer von uns etwas verlangt, das gegen die allgemeinen buddhistischen Prinzipien verstößt, sollten wir es nicht tun.

Mir sind Frauen begegnet, mit denen spirituelle Lehrer eine sexuelle Beziehung anknüpfen wollten. Die Frauen waren unsicher oder hatten gar Schuldgefühle, wenn sie ablehnten, denn sie dachten: „So ein angesehener Lehrer hat vielleicht Gründe für sein Verhalten, die ich nicht verstehe." Es besteht aber kein Anlass zum Selbstzweifel. Wenn sich die Frauen dabei unwohl fühlen, sollten sie es auch sagen und sich von dem Lehrer trennen. Andere Frauen wieder fühlen sich geschmeichelt, dass der Lehrer ihnen so viel Aufmerksamkeit schenkt, und glauben, eine sexuelle Beziehung würde zu einer besonderen spirituellen Erfahrung führen. So etwas endet gewöhnlich in Enttäuschung und Verletzung und sollte daher vermieden werden.

Außerdem ist es nicht angebracht, seine Lehrer allzu sehr zu vergöttern, sonst fängt man an, Besitz von ihnen zu ergreifen, und wird eifersüchtig auf andere Schüler. Aufgabe des Lehrers ist es, uns den Weg zur Erleuchtung zu weisen, und nicht, unsere emotionellen Bedürfnisse zu erfüllen. Spirituelle Lehrer sind kein Ersatz für Eltern oder Therapeuten.

Gelegentlich weisen uns unsere Mentoren vielleicht auch auf unsere Fehler hin. Das geschieht aus Mitgefühl und zu unserem Nutzen. Dann sollten wir uns prüfen und die Gelegenheit nutzen, mehr über uns selbst zu erfahren. Daraufhin sollten wir die Lehren des Dharma in unserem Bewusstsein umsetzen und unsere unproduktiven Denkweisen und unser negatives Verhalten ändern.

Was sollen wir denken und tun, wenn wir einen spirituellen Lehrer oder Klosterangehörigen in einer Weise handeln sehen, die uns unangemessen scheint?

Zuerst müssen wir selbst eine konstruktive Haltung einnehmen und entscheiden, wie wir handeln wollen. Einerseits hat es keinen Sinn, unangemessenes Verhalten beschönigen zu wollen, andererseits ist niemandem damit gedient, wenn wir uns empören und nur die Pferde scheu machen. Es ist nur natürlich, Enttäuschung zu empfinden, wenn jemand, den wir achten, in unseren Augen unangemessen handelt. Wir müssen uns aber unbedingt die Frage stellen: „Bin ich zornig und enttäuscht, weil dieser Mensch nicht meinen Vorstellungen entspricht? Oder bin ich traurig, weil dieser Mensch vielleicht Schwierigkeiten hat und Hilfe braucht?" Zwischen den beiden Haltungen besteht ein großer Unterschied. Die erste drückt Egozentrik aus - wir sind bestürzt, weil jemand, der uns als Idol oder Rollenmodell diente, nicht so handelt, wie wir es wünschen oder erwarten. Die zweite drückt Mitgefühl und Hilfsbereitschaft für den Betroffenen aus. Wir müssen uns über unsere Erwartungen Rechenschaft ablegen und nach der zweiten Haltung streben.

Danach kommt es darauf an, herauszufinden, wie man im vorliegenden Fall am besten helfen kann, denn jeder Fall liegt anders. Manchmal können wir uns direkt an die Person wenden und sie auf ihr Verhalten ansprechen. In anderen Fällen erscheint uns ein Gespräch mit dem Lehrer oder den Dharma-Freunden des Betreffenden der bessere Weg. Manches kann in aller Stille geregelt werden, während anderes in der Öffentlichkeit diskutiert werden muss. In jedem Fall sollten wir uns um eine Einstellung bemühen, die von Aufrichtigkeit und Mitgefühl und nicht von Vorwürfen und Selbstgerechtigkeit geprägt ist.

Welche Anredeform sollen wir verwenden, wenn wir uns an unseren spirituellen Lehrer wenden? Was bedeuten die Bezeichnungen Lama, Rinpoche, Geshe, Ajahn, Roshi und Sensei?

Wir können unsere Lehrer fragen, wie sie gern angeredet werden möchten. Klosterangehörige werden in der Regel als „Ehrwürdige(r)" angesprochen, manchmal auch als „Bruder" und „Schwester". Mit „Ajahn" bezeichnet man in der Theravada-Tradition einen Lehrer oder höher gestellten Klosterangehörigen. „Sensei" und „Roshi" werden in der japanischen Zen-Tradition verwendet. „Sensei" bedeutet Lehrer, und „Roshi" weist auf eine höhere Stufe des Praktizierens hin. „Lama", „Rinpoche" und „Geshe" kommen in der tibetischen Tradition vor. „Lama" kann unter verschiedenen Umständen verwendet werden. Es bedeutet Lehrer (*Guru* auf Sanskrit) und wird für hoch angesehene Meister verwendet. Manchmal bedeutet es aber auch, dass der Betreffende sich für drei Jahre zur Meditation zurückgezogen hat. „Rinpoche" kann auf eine anerkannte Reinkarnation eines spirituellen Meisters hinweisen, oder man drückt damit die Ehrfurcht vor seinem eigenen Lehrer aus. „Geshe" ist eine Bezeichnung der Gelehrsamkeit, einem Doktortitel im Buddhismus vergleichbar.

Man kann sich leicht durch Anredeformen verwirren lassen und Titel mit tatsächlichen Errungenschaften verwechseln. Außerdem liegt einigen Menschen etwas an Titeln, und sie benutzen möglichst viele, auch wenn es mit ihren spirituellen Errungenschaften nicht allzu weit her ist. Andere dagegen sind bescheidener und lehnen es ab, Titel zu verwenden, obwohl sie gründliche Kenntnisse und Erfahrung in der Lehre Buddhas haben. Wir sollten uns nicht auf die Titel verlassen, die jemand hat, sondern ihr Wissen und ihre persönlichen Qualitäten genau ansehen, ehe wir ein Lehrer-Schüler-Verhältnis mit ihnen eingehen.

19.

KINDER UND FAMILIE

Was sagt der Buddhismus zu Liebe und Ehe?

Mit dem Sichverlieben ist im Allgemeinen viel Anhaftung verbunden, und deshalb scheitern auch so viele Ehen. Wenn man sich in das Bild verliebt, das man sich von einem Menschen macht, statt in das tatsächlich existierende Wesen, führt das zu vielen falschen Erwartungen. Zum Beispiel erwarten viele Menschen im Westen unrealistischerweise, dass ihr Partner all ihre emotionellen Bedürfnisse erfüllt. Wenn jemand auf uns zu käme und sagte: „Ich erwarte, dass du für mich immer ein offenes Ohr hast, mich immer unterstützest, mich immer verstehst, was auch immer ich tun werde, und all meine emotionellen Bedürfnisse erfüllst" – was würden wir da wohl sagen? Sicher würden wir dem Betreffenden sagen, dass unsere Fähigkeiten begrenzt sind und er bei uns an den Falschen geraten ist. Ebenso sollten wir möglichst keine unrealistischen Erwartungen an unsere Partner stellen.

Jeder Mensch hat eine Vielfalt von Interessen und emotionellen Bedürfnissen. Deshalb brauchen wir auch viele Freunde und Verwandte, mit denen wir uns austauschen können. Da die Menschen heute immer öfter den Wohnort wechseln, ist es vielleicht mühsamer, viele stabile Dauerfreundschaften aufzubauen, aber wenn wir das tun, stärken wir auch unsere Hauptbeziehung.

Damit eine Liebesbeziehung überlebt, ist mehr als Romantik vonnöten, nämlich Liebe zum Anderen als Mensch und Freund. Die sexuelle Anziehung, aus der romantische Liebe wächst, ist eine ungenügende Grundlage für eine langfristige Beziehung. Es gilt, tiefere Anteilnahme und Zuneigung, zusammen mit Vertrauen und Verantwortung, zu entwickeln.

Im Übrigen können wir nicht einmal uns selbst völlig begreifen und sind uns ein Rätsel. Um wie viel rätselhafter sind uns da erst die anderen Menschen! Deshalb sollten wir niemals annehmen, wir wüssten alles über unseren Partner, mit dem wir schon so lange zusammenleben! Wenn wir uns dessen bewusst sind, dass der andere Mensch ein Rätsel ist, werden wir ihm weiterhin Aufmerksamkeit schenken und an ihm interessiert sein. Solches Interesse ist der Schlüssel zu einer fortdauernden Beziehung.

Wie kann der Buddhismus zu unserem Familienleben beitragen?

Familienharmonie ist äußerst wichtig, und Scheidung ist für Kinder und Erwachsene gleichermaßen traumatisch. Wenn die Erwachsenen den Hauptzweck ihrer Ehe im Vergnügen sehen, kommt es leichter zu Streit und zum Auseinanderbrechen der Familie. Sobald das Vergnügen des Einzelnen zu kurz kommt, setzt Unzufriedenheit ein. Daraus entsteht dann Streit, und die Ehe bricht zusammen – ein Beispiel dafür, dass man mit dem übermäßigen Verfolgen des eigenen Vergnügens sich selbst und anderen Schmerz zufügt.

Wenn beide Partner den Dharma in den Mittelpunkt ihrer Beziehung setzen, wird sie zu größerer Befriedigung führen, denn es bedeutet, dass beide Partner entschlossen sind, einen ethischen Lebenswandel zu führen, und sich gleichermaßen allen Wesen liebend zuwenden. Dann werden sie einander unterstützen, in ihrer Entwicklung und ihrer Praxis. Wenn zum Beispiel ein Partner den Mut verliert und die Dharma-Praxis vernachlässigt, kann der andere ihm mit sanfter Ermutigung und offener Gesprächsbereitschaft wieder auf den Weg helfen. Ein Paar, das Kinder hat, kann es einrichten, dass jeder Elternteil sowohl Zeit mit den Kindern als auch Zeit zum ruhigen Nachdenken hat.

Zwar braucht Kindererziehung viel Zeit, aber Eltern sollten diese Zeit nicht als abträglich für die Dharma-Praxis ansehen. Von ihren Kindern können sie viel über sich selbst lernen, und sie können einander helfen, die Herausforderungen der Kindererziehung im Lichte buddhistischer Werte anzunehmen.

Von modernen psychologischen Auffassungen beeinflusst, sehen viele Menschen heute die Ursache der meisten ihrer Probleme in ihren Erfahrungen als Kinder. Wenn daraus jedoch eine Schuldzuweisung wird nach dem Motto: „An meinen Schwierigkeiten sind meine Eltern schuld, die mir früher so viel angetan haben“, dann begleitet einen ständig die Furcht, bei der Erziehung den eigenen Kindern Schaden zuzufügen. Mit einer solchen ständigen Besorgnis kann man schwerlich seine Kinder unbefangen erziehen oder Nachsicht mit sich selbst haben. Wenn wir unsere Kindheit als Krankheit sehen, von der wir genesen müssen, schaden wir nur uns und unseren Kindern.

Auch wenn wir nachteilige Einflüsse, die unsere Kindheit geprägt haben, nicht einfach ignorieren können, ist es genauso wichtig, sich die Zuneigung und die guten Dinge bewusst zu machen, die wir von unserer Familie erfahren haben. In welcher Situation wir auch immer groß geworden sein mögen, wir haben viel Zuneigung von anderen erfahren. Wenn wir uns darauf besinnen, können wir ganz natürliche Dankbarkeit denen gegenüber empfinden, die uns beigestanden haben, und dann können wir diese Zuneigung und Fürsorge auch an unsere Kinder weitergeben.

Wie kann der Dharma Kindern helfen? Wie können wir unsere Kinder den Dharma lehren?

Das Wesentliche der Lehre Buddhas ist, seinen Mitmenschen nicht zu schaden und ihnen so weit wie möglich zu helfen. Das sind Werte, die sowohl buddhistische als auch nichtbuddhistische Eltern ihren Kindern einprägen wollen, damit sie mit anderen in Harmonie leben. Da Kinder weitgehend von Vorbildern lernen, ist die wirksamste Art, Kindern Werte beizubringen, sie ihnen vorzuleben. Das ist sicher nicht immer leicht, aber wenn Eltern sich um die Ausübung ihrer Religion bemühen, wird den Kindern ein solches Beispiel unmittelbar zugute kommen.

In einem buddhistischen Haus aufzuwachsen, tut Kindern gut. Wenn die Familie einen Schrein hat, können die Kinder ihn in Ordnung halten und Opfer bringen. Ich habe eine Freundin, die sich jeden Morgen mit ihrer dreijährigen Tochter vor Buddha verneigt. Das Kind gibt Buddha dann ein Geschenk – ein Stück Obst oder einen Keks, und Buddha gibt dem Kind eines zurück (gewöhnlich die Gabe des Vortags). Das kleine Mädchen freut sich an diesem Ritual. Kinder lieben Musik, und die Melodien der Gebete, Mantras und buddhistischer Lieder können an die Stelle kommerzieller Musik und Kinderlieder treten. Viele Eltern rezitieren Mantras, um ihr Baby zu beruhigen oder zum Einschlafen zu bringen, und die Babys reagieren positiv auf den sanft vibrierenden Gesang. In einer anderen Familie meiner Bekanntschaft spricht immer der fünfjährige Sohn das Gebet, wenn sie vor der Mahlzeit ein Opfer bringen. Dies sind einfache Möglichkeiten für Eltern und Kinder, ihre Spiritualität miteinander zu teilen und zu vertiefen.

Mehrere buddhistische Familien können sich einmal in der Woche oder im Monat treffen und gemeinsam praktizieren. Statt die Kinder einfach zum Kindergottesdienst zu schicken, wo sie von jemand anders unterwiesen werden, haben die Eltern so die Möglichkeit, friedlich Zeit miteinander zu verbringen, abseits vom hektischen Alltag. Kleine Kinder können dabei buddhistische Lieder singen und Gebete und Mantras rezitieren und lernen, wie man sich vor Buddha verneigt und seine Opfer am Schrein bringt. Sie können auch an einer kurzen Atemmeditation teilnehmen. Eltern und Schulkinder können Rollenspiele übernehmen und eine Szene darstellen, in der erst alle handelnden Personen ihr eigenes Glück über das anderer stellen. Dann wird sie wieder gespielt, aber dieses Mal denkt jede handelnde Person an das Glück der anderen. Dadurch können die Kinder lernen, Probleme zu lösen und zu sehen, welche Folgen verschiedene Verhaltensweisen haben. Auch können Familien gemeinsam buddhistische Tempel und Zentren in ihrer Gemeinde besuchen.

Eltern können mit ihren Kindern auch buddhistische Kinderbücher lesen oder buddhistische Videos ansehen. Es gibt einen ausgezeichneten Zeichentrick-Videofilm über das Leben Buddhas und viele Dharma-Bücher für Kinder. Lockere Diskussionen mit Kindern sind unterhaltend und lehrreich, und die Eltern werden überrascht sein, wie gut Kinder solche Vorstellungen wie Wiedergeburt, Karma und freundliches Verhalten gegenüber Tieren verstehen.

Viele Eltern sagen: „Mein Kind kann nicht still sitzen." Ich vermute, dass diese Kinder ihre Eltern auch selten haben friedlich dasitzen sehen! Wenn Kinder einen Erwachsenen einfach ruhig dasitzen sehen, können sie sich vorstellen, dass sie das auch können. Manchmal kann ein Elternteil seine Zeit der Ruhe mit einem Kind teilen. Zum Beispiel kann man beim Rezitieren von Mantras das Kind auf dem Schoß haben. Zu anderen Zeiten wollen die Eltern beim Meditieren ungestört sein, und die Kinder lernen, den Wunsch der Eltern nach Ruhe zu respektieren.

Bei Teenagern haben sich Diskussionsgruppen bewährt. Ein Erwachsener kann eine Diskussion über Freundschaft oder ein anderes Thema anregen, das Teenager bewegt. Das Schöne am Buddhismus ist, dass seine

Prinzipien sich auf jeden Lebensbereich anwenden lassen. Je besser Kinder die Bedeutung ethischer Werte und liebender Zuwendung in ihrem Leben einsehen, desto wichtiger werden sie ihnen. Einmal leitete ich eine Diskussionsgruppe mit zwanzig Teenagern. Es ging um die Beziehung zwischen Mädchen und Jungen. Jeder kam an die Reihe, und obwohl sie offensichtlich über ihr Leben und ihre Gefühle sprachen, enthielten ihre Worte viel vom Dharma. Zum Beispiel sprachen sie über die Bedeutung einer ethischen Lebensausrichtung. Als Moderatorin der Diskussion lehrte und predigte ich nicht, sondern hörte einfach zu und respektierte, was sie sagten. Nachher kamen einige von ihnen zu mir und sagten: „Wow – das war das erste Mal, dass wir über so etwas mit einer Nonne gesprochen haben!“ Sie konnten nicht nur in Gegenwart eines Erwachsenen über ein heikles Thema sprechen, sondern sie begriffen auch, dass religiöse Menschen ein Ohr für die Sorgen der Teenager haben und sich in sie hineinversetzen können. Außerdem konnten sie einen Bezug zu ihrem eigenen Leben herstellen.

Und wenn unsere Kinder nicht am Buddhismus interessiert sind? Sollten wir ihnen gestatten, mit ihren Freunden zur Kirche zu gehen?

Niemandem sollte eine Religion aufgezwungen werden. Wenn Kinder kein Interesse am Buddhismus haben, soll man sie in Ruhe lassen. Sie können deshalb aber durchaus lernen, warmherzige Menschen zu werden, wenn sie die Einstellung und das Handeln ihrer Eltern sehen.

Wahrscheinlich werden ihre Schulfreunde sie einmal mit in die Kirche nehmen wollen. In unserer multikulturellen und multireligiösen Gesellschaft ist es gut für die Kinder, durch Teilnahme an den religiösen Veranstaltungen mit Freunden etwas über andere Traditionen zu erfahren. Dabei sollten wir sie darauf vorbereiten, indem wir ihnen erläutern, dass es viele verschiedene Glaubensrichtungen gibt und deshalb gegenseitige Achtung und Toleranz wichtig sind. Unsere Kinder können auch ihre Schulfreunde zu Dharma-Zentren oder buddhistischen Veranstaltungen mitnehmen, um das Lernen voneinander und den gegenseitigen Respekt zu fördern.

Wie können wir Kinder in die Meditation einführen?

Wenn Kinder ihre Eltern ihre tägliche Meditationsübung verrichten sehen, wird oft in ihnen die Neugier wach. Dies kann man zum Anlass nehmen, sie eine einfache Atemmeditationsübung zu lehren. Fünf bis zehn Minuten lang sitzen Kinder gern einmal ruhig neben ihren Eltern. Wenn sie sich nicht länger konzentrieren können, dürfen sie leise aufstehen und aus dem Zimmer gehen, während die Eltern ihre Meditation fortsetzen. Wenn die Eltern dies als störend empfinden, können sie ihre tägliche Meditationsübung für sich abhalten und zu einer anderen Zeit mit dem Nachwuchs meditieren.

Kinder können auch Visualisierungstechniken erlernen. Die meisten Kinder haben viel Phantasie und lieben es, sich etwas auszumalen. Die Eltern können die Kinder anregen, sich Buddha ganz aus Licht bestehend vorzustellen. Während Buddhas Licht in sie hineinstrahlt, können sie ein Buddha-Mantra rezitieren. Wenn ein Verwandter, ein Freund oder ein Tier krank ist oder ein Freund Sorgen hat, kann sich das Kind diese Person oder das Tier bildlich vorstellen und das Licht des Buddhas auf sie richten. So kann das Mitgefühl in Kindern wachsen, und sie haben das Gefühl, dass sie etwas für diejenigen tun können, die ihnen ans Herz gewachsen sind.

In den Dharma-Zentren gibt es gewöhnlich nur einen Veranstaltungsplan für Erwachsene und keine Kinderbetreuung. Was lässt sich da tun?

Die Dharma-Zentren müssen allmählich ihr Angebot an Veranstaltungen erweitern. Mitglieder, die auch Eltern sind, könnten sich zusammentun und miteinander besprechen, wie das geschehen könnte, und dabei einige der obigen Vorschläge aufgreifen. Dann können sie in den Dharma-Zentren Veranstaltungen für Kinder oder für die ganze Familie organisieren.

Wie können wir uns gut mit unseren Kindern verstehen, vor allem im Teenageralter?

Ein offener Umgang mit Teenagern ist wichtig, und das Verhältnis hängt sehr davon ab, wie Eltern mit ihren Kindern umgehen, solange sie klein sind. Dabei kommt es wiederum darauf an, wie viel Zeit sie mit den Kindern verbringen und ob sie ihnen gegenüber eine positive Haltung einnehmen. Wenn die Eltern gehetzt sind, dann sind für sie die Kinder Nervensägen, um die sie sich auch noch kümmern müssen, ehe sie nach einem anstrengenden Arbeitstag in sich zusammensinken dürfen. Das spüren Kinder und haben oft das Gefühl, dass sie den Eltern gleichgültig sind oder dass diese jedenfalls keine Zeit für sie haben. Für den Aufbau eines guten Verhältnisses zu den Kindern muss man Prioritäten setzen. Das kann bedeuten, dass man auch eine schlechter bezahlte Tätigkeit mit weniger Arbeitsstunden annimmt oder eine lukrative Beförderung ausschlagen muss, wenn damit mehr Stress und weniger Zeit zu Hause verbunden wäre. Liebe ist für Kinder wichtiger als materieller Besitz. Wer sich entscheidet, auf Kosten des Familienlebens mehr Geld zu verdienen, kann es nachher für Therapien und Beratung für Eltern und Kinder wieder ausgeben!

Brauchen Kinder Disziplin? Wie können wir sie in die Schranken weisen, ohne dabei zornig zu werden?

Kinder bieten die beste Gelegenheit, Geduld zu üben, und stellen sie gleichzeitig auf eine harte Probe. Deshalb sollten sich Eltern rechtzeitig mit den von Buddha gelehrten Mitteln gegen das Zornigwerden vertraut machen. Geduld haben heißt nicht, die Kinder tun lassen, was sie wollen. Das wäre Grausamkeit Kindern gegenüber, denn dann könnten sie sich Dinge angewöhnen, die ihnen nachher das Zusammenleben mit anderen schwer machen. Kinder brauchen Führung und Grenzen. Sie müssen die Wirkungen von verschiedenen Verhaltensweisen erfahren und herausfinden, welche sie beibehalten sollen und welche sie aufgeben müssen.

Ein wesentliches buddhistisches Prinzip ist die Zufriedenheit. Wie können wir es Kindern vermitteln?

Zufriedenheit als Grundeinstellung ermöglicht es uns, mehr Freude am Leben und mehr Befriedigung zu empfinden. Ich glaube, dass ein Grund der Unzufriedenheit bei Kindern eine zu große Auswahl an sinnlichen Genüssen ist. Von klein auf werden sie gefragt: „Willst du lieber Apfelsaft oder Orangensaft?", „Willst du lieber dieses oder jenes Fernsehprogramm sehen?", „Möchtest du lieber dieses Fahrrad oder jenes?", „Willst du lieber das rote oder das grüne Spielzeug haben?" Es verwirrt Kinder – von Erwachsenen ganz zu schweigen –, ständig eine Wahl treffen zu müssen. Statt zu lernen, mit dem zufrieden zu sein, was sie haben, müssen sie ständig darüber nachdenken, was sie womöglich noch glücklicher machen könnte. So wächst ihre Gier und ihre Verwirrung. Wenn sich die Eltern darauf besinnen, müssen sie deshalb noch nicht autoritär werden. Sie messen diesen Dingen zu Hause einfach weniger Bedeutung bei. Das bedeutet natürlich auch, dass die Eltern ihr eigenes Verhältnis zu sinnlichen Genüssen und materiellem Besitz ändern. Wenn Eltern auf solche Weise Zufriedenheit pflegen, wird das für die Kinder auch leichter sein.

20.
SCHREINE UND OPFERGABEN

Wozu dient ein Schrein? Was tut man hinein?

An einem sauberen, ruhigen Ort in ihrem Haus stellen Buddhisten gern einen Schrein auf. Bilder der Buddhas, von buddhistischen Gottheiten und Bodhisattvas sollen darin Buddhas erleuchtete Körperlichkeit symbolisieren. Tibetische Buddhisten hängen darüber Fotos ihrer spirituellen Lehrer, Anhänger anderer buddhistischer Traditionen tun das nicht immer. Zur Rechten Buddhas (also links, wenn wir den Schrein betrachten) liegt ein Text, der für Buddhas erleuchtete Rede steht. Zu seiner Linken ist eine Glocke oder Stupa, die Buddhas erleuchteten Verstand darstellt. Davor stellt man verschiedene Gaben.

Die Figuren in einem Schrein erinnern uns an die guten Eigenschaften der Buddhas, des Dharma und der Sangha und regen uns an, sie in uns zu entwickeln. Es gibt Tage, da sind wir aufgeregt, wütend oder niedergeschlagen. Wenn wir dann zu Hause am Schrein vorbeigehen oder einen Tempel besuchen und dort die Fotos unserer spirituellen Lehrer oder die friedliche Gestalt Buddhas sehen, werden wir daran erinnert, dass es Wesen gibt, die Frieden gefunden haben, und dass es uns auch gelingen kann. Und schon werden wir ruhiger.

Betreiben Buddhisten Götzenverehrung?

Ganz bestimmt nicht! Wir verehren nicht das Stück Ton, Bronze oder Jade vor uns. Wenn wir ohne unsere Familie verreisen, nehmen wir oft auch Fotos von unseren Lieben mit, um sie uns ins Gedächtnis zu rufen. Wir schauen die Fotos an und empfinden Liebe für unsere Familie, nicht für die Pappe und die Druckfarben des Fotos. Das Foto unterstützt nur unsere Erinnerung. Ähnlich verhält es sich mit Statuen oder Gemälden von Buddha.

Wenn wir uns vor Buddha verneigen, vergegenwärtigen wir uns die Eigenschaften der erleuchteten Wesen und entwickeln Achtung vor ihrer allumfassenden Liebe und ihrem Mitgefühl, vor ihrer Großzügigkeit, ihrer ethischen Lebensführung, vor ihrer Geduld, der Anstrengung, die sie freudigen Herzens erbracht haben, vor ihrer Verinnerlichung und ihrer Weisheit. Eine Buddhafigur zum Verneigen zu haben ist aber eigentlich nicht notwendig. Wir können uns die Buddha-Eigenschaften auch so ins Gedächtnis rufen und sie verehren.

Die Achtung vor den Buddhas und ihren Eigenschaften regt uns an, diese hervorragenden Eigenschaften in uns selbst zu entwickeln. Menschen, die wir achten, eifern wir nach. Wenn wir uns also die liebende Zuwendung und die Weisheit der Buddhas zum Vorbild nehmen, streben wir danach, wie sie zu werden.

Was ist der Sinn der Opfergaben, die man den Buddhas bringt?

Wir bringen den Buddhas nicht deshalb Gaben, weil sie sie brauchen. Wer alles Unreine hinter sich gelassen hat und den Segen der Weisheit genießt, braucht sicher keinen Apfel oder Räucherstab zu seinem Glück! Wir bringen die Gaben auch nicht, um die Gunst der Buddhas zu gewinnen. Die Buddhas haben schon lange allumfassende Liebe und Mitgefühl entwickelt und werden nicht wie gewöhnliche Sterbliche durch Schmeichelei und Bestechung gewonnen!

Die Opfergaben helfen uns, positives Potential zu schaffen und unsere guten Eigenschaften zu entwickeln. Gegenwärtig sind Anhaftung und Kleinlichkeit in uns noch allzu stark. Wir neigen dazu, das Größte und Beste für uns selbst zu behalten und nur das Zweitbeste oder das, was wir nicht gebrauchen können, an andere weiterzugeben. Eine solche egozentrische Betrachtungsweise gibt uns ständig das Gefühl, arm und unzufrieden zu sein, wie viel wir auch tatsächlich haben mögen. Außerdem fürchten wir, das Wenige, das wir haben, zu verlieren. Eine solche Einstellung führt zu Unruhe und verführt uns, unehrlich zu handeln, um mehr zu erraffen, und dazu, anderen gegenüber herzlos zu sein, um unseren Besitz zu schützen.

Mit den Opfergaben ist der Zweck verbunden, diese schädlichen Gefühle der Anhaftung und der Kleinlichkeit zum Schweigen zu bringen. Wenn wir also ein Opfer bringen, bemühen wir uns, dabei kein Bedauern und kein Gefühl des Verlustes zu empfinden. Wasser zu holen kostet zum Beispiel wenig Mühe, und so können wir leicht eine Schüssel Wasser hinstellen, ohne dass Gefühle der Anhaftung und der Knauserigkeit aufkommen. Man sieht sie deshalb oft an einem Schrein. Wenn wir fröhlich geben, gewöhnen wir uns an den Gedanken und die Handlung des Gebens und fühlen uns dadurch reich. Wir teilen gern unsere Freude mit anderen.

Manche Menschen wollen wissen, ob die Buddhas tatsächlich die Gaben erhalten. Dazu gibt es eine nette Geschichte von einem jungen Mönch, der aufblieb, um zu sehen, ob das Buddhabild in der Gebetshalle mitten in der Nacht die Gaben holte. Und glauben Sie ja nicht, die Buddhas hätten die Gabe nicht angenommen, bloß weil sie am nächsten Tag noch am Schrein stehen! Sie können sie in Empfang nehmen und den Gehalt dieser Gaben genießen, ohne sie mitzunehmen.

Da die Buddhas, Bodhisattvas und Arhats die höchsten aller Wesen sind, haben Gaben an sie besondere Bedeutung. Freunden schenken wir gewöhnlich etwas, weil wir sie gern haben. In diesem Fall aber bringen wir den heiligen Wesen Gaben, weil wir ihre Eigenschaften zu schätzen wissen. Wir sollten unsere Gaben nicht in der Absicht bringen, die Buddhas zu bestechen. „Ich habe dir Weihrauch geschenkt, jetzt musst du meine Gebete erhören!" Wir sollten uns lieber darin üben, aus einer verehrenden und warmherzigen Haltung heraus zu geben. Wenn wir später eine Bitte äußern, tun wir es in Demut.

Welche Gaben bringt man an den Schrein?

Alles, was wir schön finden, eignet sich als Gabe. Herkömmlicherweise gibt man Wasser, Blumen, Räucherstäbchen, Lichter, Parfüm und Lebensmittel, aber wir können auch andere Dinge anbieten. In der tibetischen Tradition stellt man in der Regel jeden Morgen sieben Wasserschüsseln hin. Das Wasser wird abends weggenommen und an einem sauberen Ort ausgeleert oder über Blumen und Pflanzen gesprengt. Die leeren Schüsseln kehrt man um. Lebensmittel, die dargebracht werden, sollten weggenommen werden, ehe sie verderben. Wir können sie entweder selbst essen oder anderen Menschen geben. Dagegen ist es nicht üblich, am Schrein dargebotene Opfergaben an Tiere zu verfüttern.

Hat jede der Gaben ihre symbolische Bedeutung?

Ja. Blumen stellen die Eigenschaften der Buddhas und Bodhisattvas dar, Weihrauch den Duft der ethischen Reinheit. Licht steht für Weisheit, und Parfüm steht für Vertrauen in die heiligen Wesen. Lebensmittel anzubieten bedeutet das Anbieten von Nahrung zur meditativen Konzentration, und Musik symbolisiert Vergänglichkeit und die Leerheit aller Erscheinungen.

Wenn wir eine Blume darbringen, können wir uns im Geiste einen ganzen Himmel voll herrlicher Blumen vorstellen und sie auch zum Geschenk machen. Die Vorstellung von schönen Dingen, die wir dann den Buddhas und Bodhisattvas schenken, bereichert unseren Geist. Ebenso können wir Dinge nur im Geiste anbieten, ohne sie vor den Schrein zu stellen. Zum Beispiel können wir schöne Dinge in einem Schaufenster sehen und sie im Geiste den Drei Juwelen widmen. Das hilft uns, eine allzu große Anhaftung an diese Dinge zu vermeiden.

Sprechen die Buddhisten vor Tisch ein Dankgebet?

Ja, es ist üblich, unser Essen vor der Mahlzeit als Gabe anzubieten. Gewöhnlich stürzt man sich ja mit großer Anhaftung, wenig Gedanken und noch weniger wirklichem Genuss auf sein Essen. Stattdessen können wir vor dem Essen innehalten und darüber nachdenken, warum wir essen. Wir machen uns klar, dass wir nicht zu unserem zeitweiligen Vergnügen essen oder um unser Aussehen zu verbessern, sondern dass es darum geht, unseren Körper gesund zu erhalten. Dies ist eine Voraussetzung, um den Dharma praktizieren und allen Wesen nützen zu können. Wenn wir über die Güte der Menschen nachdenken, die das, was wir essen, für uns gepflanzt, geerntet, transportiert und verpackt haben, dann fühlen wir uns mit ihnen verbunden und wollen ihnen ihre Güte vergelten, indem wir beim Essen positives Potential schaffen und sie darin einbeziehen. Darum bieten wir das Essen als Opfergabe an.

Stellen Sie sich das Essen als segensreichen Nektar vor und bieten Sie ihn einer kleinen, aus Licht bestehenden Buddhagestalt in Ihrem Herzen an. Dieser Buddha stellt alle erleuchteten Wesen in Verbindung mit unserem eigenen Buddha-Potential dar. Der Buddha genießt den Nektar und strahlt Licht und Segen in unseren ganzen Körper zurück. So machen wir uns sowohl Buddha als auch den Vorgang des Essens bewusst. Durch die Opfergaben an Buddha schaffen wir positives Potential, und wir genießen das Essen mehr. Vor dem Essen sprechen manche Menschen gern die Verse:

„Dem höchsten Lehrer, dem kostbaren Buddha, der höchsten Umsetzung seiner Lehre, dem kostbaren Dharma, den höchsten Führern, dem kostbaren Sangha, bei denen wir unsere Zuflucht nehmen, weihen wir diese Opfergabe. Mögen alle, die um uns sind, niemals von dem dreifachen Juwel getrennt sein. Mögen wir immer die Gelegenheit haben, ihnen eine Gabe zu bringen, und mögen wir stets ihren Segen und ihre Inspiration beim Fortschreiten auf dem Pfad erhalten."

Wenn Sie allein sind oder mit Dharma-Freunden essen, wollen Sie vielleicht vor dem Essen innehalten, um nachzudenken, Bilder wachzurufen und Verse zu rezitieren. Wenn Sie in einem Restaurant oder mit Nichtbuddhisten zusammen sind, brauchen Sie kein ostentatives Opfer zu bringen. Es genügt in diesem Fall, die Reflexion, die Visualisierung und die Darbringung im Geiste durchzuführen.

21. GEBET, RITUAL UND DIE WIDMUNG POSITIVEN POTENTIALS

Welche Rolle spielen Gebete? Können sie erhört werden?

Es gibt viele Arten von Gebeten. Manche sind dazu da, unseren Geist auf eine bestimmte spirituelle Qualität auszurichten oder unseren Geist anzuregen, auf ein spirituelles Ziel hinzuarbeiten. Ein Beispiel dafür wäre die Bitte um mehr Toleranz und Mitgefühl anderen gegenüber. Andere Gebete beziehen sich auf bestimmte Personen oder Situationen, zum Beispiel Gebete für die Heilung eines Kranken oder dafür, dass der Betreffende innerlich ruhig wird und sein Leben trotz der Krankheit seinen Sinn hat.

Damit ein Gebet erhört wird, genügt es nicht, einfach nur zu beten. Es müssen dazu auch die geeigneten Voraussetzungen geschaffen werden. Es genügt nicht, einfach nur zu denken: „Bitte, Buddha, lass dies oder jenes geschehen. Ich mach's mir gemütlich, trinke Tee und lasse dich derweil arbeiten." Wenn wir zum Beispiel darum bitten, liebevoller und mitfühlender gegenüber unseren Mitmenschen zu werden, uns aber keinerlei Mühe geben, unsere Wut zu beherrschen, dann schaffen wir nicht die Voraussetzung dafür, dass das Gebet erhört wird. Unsere geistige Umwandlung geschieht durch unsere Anstrengung, aber wir können Buddha um die Inspiration bitten, dies zu bewerkstelligen.

Den Segen Buddhas zu erhalten bedeutet nicht, dass irgendetwas Greifbares von Buddha auf uns übergeht. Es bedeutet, dass unser Geist durch die vereinten Kräfte der Lehren, der Leitung durch Buddhas und Bodhisattvas und unserer eigenen Bemühungen umgewandelt wird. „Die Buddhas um Segen bitten" bedeutet immer, um Inspiration durch sie zu bitten, so dass sich unser Geist und unser Handeln wandeln und segensreicher werden.

Manche gläubige Buddhisten streben danach, in ihrem nächsten Leben in einem reinen Land geboren zu werden, weil dort alle Bedingungen für das Ausüben des Dharma günstig sind und es deshalb leichter fällt, Weisheit und Mitgefühl zu entwickeln. Wir können aber nicht beten, dass wir in einem reinen Land geboren werden möchten, und dann erwarten, dass die Buddhas und Bodhisattvas schon dafür sorgen werden. Wir müssen uns auch bemühen, ihre Lehren in die Tat umzusetzen, indem wir nicht selbstsüchtig an weltlichem Vergnügen hängen, sondern an unserem Mitgefühl und unserer Einsicht in die Leerheit der Erscheinungen arbeiten. Wenn wir unseren Teil dazu beitragen, dann werden Gebete auf unser Bewusstsein eine tiefe Wirkung haben. Wenn wir andererseits nichts unternehmen, unsere schädlichen Gewohnheiten zu bessern, und unser Geist während des Gebets abgelenkt ist, dann ist die Gebetswirkung nur gering.

Manche Menschen bitten darum, dass die Krankheit eines Mitmenschen geheilt werden möge, dass sich die finanzielle Lage der Familie bessern möge oder dass ein verstorbener Verwandter eine gute Wiedergeburt haben möge. Damit sich das erfüllt, müssen die beteiligten Personen die notwendigen Ursachen geschaffen haben. Wenn sie das getan haben, schaffen unsere Gebete die Bedingungen dafür, dass dieser Samen – konstruktives Handeln in der Vergangenheit – zur Reife kommt und zu dem gewünschten Ergebnis führt. Wir können wohl Dünger und Wasser in den Boden tun, aber wenn der Bauer nichts gesät hat, wächst auch nichts.

Als Buddha den Zusammenhang von Ursache und Wirkung in unserem Bewusstseinsstrom beschrieb, sagte er, dass Töten zu einem kurzen Leben oder viel Krankheit führt. Wenn wir das Töten aufgeben und Leben retten, wird das zu einem langen Leben mit wenig Krankheit führen. Wer diesen grundlegenden Rat nicht beherzigt und dennoch für ein langes Leben in Gesundheit betet, hat nichts begriffen! Geben wir aber das Töten auf und retten Leben, können Gebete diesen positiven Samen zur Reifung verhelfen.

Außerdem hat Buddha gesagt, dass Großzügigkeit die Ursache für Reichtum ist. Wenn wir in einem vergangenen Leben großzügig waren und nun um die Vermehrung unseres Reichtums bitten, könnte sich unsere finanzielle Lage bessern. Wenn wir aber jetzt geizig sind, schaffen wir die Ursache für Armut, nicht für Reichtum. Dann können wir noch so sehr beten, dass es uns finanziell gut gehen möge – durch unsere Handlungen schaffen wir die Ursache für das entgegengesetzte Ergebnis. Wir müssen stattdessen Freigebigkeit pflegen, Bedürftigen helfen und unseren Besitz teilen.

Was ist der Sinn von Ritualen? Sind sie notwendig?

Rituale sind dazu gedacht, unseren störenden Haltungen und destruktiven Handlungen entgegenzuwirken und unsere guten Eigenschaften und positiven Handlungen zu entwickeln. Rituale sind nur Mittel zum Zweck. Da es uns als Anfängern oft schwer fällt zu unterscheiden, was wir für unsere Praxis annehmen sollen und was wir auf dem Erleuchtungsweg beiseite lassen sollen, geben uns Gebete, die von fortgeschrittenen Praktizierenden verfasst worden sind, eine Richtschnur. Das Sprechen der Gebete kann uns helfen, die Bedeutung dessen, was sie ausdrücken sollen, zu erfassen. Wenn wir sie lesen oder rezitieren, sollten wir gleichzeitig versuchen zu meditieren und unseren Geist in den Zustand zu versetzen, der in den Ritualen beschrieben wird. Wenn wir ein Ritual allein durchführen, können wir an bestimmten Punkten, die uns besonders bewegen, innehalten.

Wir brauchen uns aber nicht nur auf die Gebete zu beschränken, die von anderen Menschen verfasst worden sind. Beim Studium des Dharma und mit zunehmender Vertrautheit mit dem Erleuchtungspfad können uns spontan Gebete einfallen. Es können in unserem Leben Ereignisse eintreten, die Gebete entstehen lassen und dazu beitragen, dass sich unsere Dharma-Erfahrung vertieft.

Manche Menschen mögen Rituale und können sie für ihre Praxis nutzen. Andere finden, sie lenken ab. Es kommt auch vor, dass jemand einmal mehr Rituale durchführen möchte, ein anderes Mal weniger. Jeder hat hier seine eigenen Vorstellungen, und es gibt keine starren Regeln. Rituale führen wir in dem Maße durch, wie es uns richtig erscheint, und nicht einfach deshalb, weil andere es tun.

Welches sind die gebräuchlichsten buddhistischen Rituale?

Zu den Ritualen, die allen buddhistischen Traditionen gemeinsam sind, gehört das Zufluchtsuchen bei Buddha, Dharma und Sangha, das Ablegen von Gelübden zur Vermeidung schädlichen Verhaltens, das Preisen der Eigenschaften der Drei Juwelen, die Opfergaben an sie, das Erwecken liebender Zuwendung den Mitmenschen gegenüber, das Offenlegen der eigenen Fehler, die Freude am Glück und den guten Eigenschaften unserer Mitmenschen. Darüber hinaus hat jede Tradition ihre eigenen Gebete, in denen sich die Aspekte widerspiegeln, auf die die betreffende Tradition besonderen Wert legt.

Welche Rolle spielt der Gesang in unserer spirituellen Entwicklung?

Wenn die richtigen Beweggründe dahinterstecken, etwa die Vorbereitung auf künftige Leben und das Streben nach der Befreiung aus dem zyklischen Dasein oder der Wunsch, ein Buddha zu werden und den Mitmenschen so wirksam helfen zu können, kann Gesang sehr nutzbringend sein. Damit der Gesang einen positiven Geisteszustand bewirkt, müssen wir uns um Konzentration bemühen und über die Bedeutung dessen nachdenken, was wir singen. Tiefsinnige Gebete zu singen hat wenig Sinn, wenn wir dabei an Essen, Arbeit oder Partys denken – sonst könnte man genauso gut einen Kassettenrecorder laufen lassen, der die Namen Buddhas aufsagt und Gebete spricht! Wenn wir aber unseren Geist auf das einstellen, was wir singen, erwächst uns daraus eine wohltuende Kraft.

Zur vollständigen spirituellen Praxis gehört mehr als Singen. Wir müssen die Lehren in uns aufnehmen, über ihre Bedeutung nachdenken, sie diskutieren und in unseren Alltag einbeziehen, damit wir mit ihrer Unterstützung auf hilfreichc Weise denken, empfinden, sprechen und handeln können. Das Singen allein befreit uns nicht aus der zyklischen Existenz. Dazu ist tiefe Meditation erforderlich, die uns Einsicht in die Ichlosigkeit gewährt.

Worin liegt der Unterschied zwischen einem Gebet und einem Mantra? Müssen wir sie wirklich in einer fremden Sprache singen, die wir nicht verstehen?

Mantras sind vorgegebene Silben, die unseren Geist schützen sollen. Wir wollen unseren Geist vor Anhaftung, Zorn, Unwissenheit und dergleichen schützen. Manchmal laufen in uns endlose Selbstgespräche ab. Wir geben ständig Kommentare ab – etwa über die Kleidung oder Äußerungen unserer Mitmenschen. Mantras sind geeignet, diese Neigung zum Selbstgespräch zu steuern, so dass wir, statt pausenlos nutzlose, triviale Dinge zu kommentieren, unseren Geist auf das Rezitieren von Silben ausrichten, die ein Buddha gesprochen hat. Zusammen mit den vier Gegenkräften, die ich im Karma-Kapitel erläutert habe, kann die Rezitation von Mantras als wirksames Gegenmittel gegen negative karmische Spuren in unserem Bewusstseinsstrom eingesetzt werden. Beim Rezitieren von Mantras üben wir unseren Geist darin, auf heilsame Weise zu denken, zu empfinden und zu visualisieren, und bauen so heilsame Gewohnheiten für Geist und Gefühle auf. Darüber hinaus wirkt das Rezitieren von Mantras beruhigend auf unseren Geist und erhöht die Konzentration.

Mantras werden auf Sanskrit rezitiert und nicht in andere Sprachen übersetzt, denn es sind die Worte, die ein Buddha im Zustand tiefer Meditation gesprochen hat. Der Klang dieser Silben kann wohltätige Energien und Vibrationen freisetzen. Wir können uns beim Rezitieren eines Mantras auf seinen Klang, seine Bedeutung oder die damit einhergehenden bildlichen Vorstellungen konzentrieren, die uns unser geistiger Mentor gelehrt hat.

Gebete dagegen sind von großen spirituellen Meistern verfasst worden, um uns beim Entwickeln einer konstruktiven Haltung zu helfen. Das taten sie, weil wir mitunter in der Dharma-Praxis Mühe haben, zwischen den Handlungen und Haltungen, die wir pflegen wollen, und denen, die wir aufgeben sollen, zu unterscheiden. Gebete drücken die Essenz heilsamer Bewusstseinszustände aus, und wenn wir über die Bedeutung der Gebete nachdenken, nimmt unser Geist die entsprechende Haltung an. Da es wichtig ist, die Bedeutung der Gebete zu erfassen, können sie von einer Sprache in eine andere übersetzt werden. Gebete in asiatischen Sprachen zu rezitieren, kann zwar auch reizvoll und inspirierend sein, aber um des besseren Verständnisses willen können wir auch unsere eigene Sprache verwenden.

Was bedeutet das Mantra om mani padme hum*?*

Om mani padme hum ist das Mantra des Buddhas des Mitgefühls Avalokiteshvara (Kuan Yin, Kannon, Chenresig). In den sechs Silben dieses Mantras ist die Bedeutung des gesamten Wegs zur Erleuchtung erhalten. *Om* bezieht sich auf den Körper, die Sprache und den Geist der Buddhas, die wir durch unsere Übung erlangen wollen. *Mani* bedeutet Juwel und bezieht sich auf alle methodischen Aspekte des Weges, die Entschlossenheit, sich aus dem Daseinszyklus zu befreien, Mitgefühl, Großzügigkeit, Ethik, Geduld, Fröhlichkeit bei der Arbeit und Ähnliches. *Padme* (*pehme* auf tibetisch ausgesprochen) bedeutet Lotus und bezieht sich auf den Weisheitsaspekt des Weges. Durch das Zusammenbringen von Weisheit und Methode können wir in unserem Üben unseren Bewusstseinsstrom von allen Trübungen reinigen und alle unsere Potentiale entwickeln. *Hum* (manchmal auch *hung* geschrieben) bezieht sich auf den Geist aller Buddhas.

Das Rezitieren von *om mani padme hum* ist sehr wirksam zur Reinigung des Geistes und zur Entwicklung von Mitgefühl. Wir können es jederzeit entweder laut aussprechen oder in Gedanken sprechen, etwa wenn wir in einer Schlange anstehen. Statt nun ungeduldig oder ärgerlich zu werden, können wir innerlich dieses Mantra sprechen und mitfühlende Gedanken für die anderen Wartenden in uns wachrufen.

Es gibt den Brauch, ein Mantra mündlich weiterzugeben, indem es ein spiritueller Lehrer vorspricht und wir entweder zuhören oder es nachsprechen. So wird die Kette der Praktizierenden, die dieses Mantra gebraucht haben, aufrechterhalten und die Wirkung der Mantra-Rezitation verstärkt. Aber auch wenn uns *om mani padme hum* nicht in mündlicher Überlieferung weitergegeben wird, können wir es dennoch rezitieren und seine beruhigende Wirkung nutzen.

Was ist Verdienst? Ist es nicht selbstsüchtig, positiv zu handeln, nur um Verdienst zu erwerben, als sei es spirituelles Geld?

Das Wort „Verdienst" gibt die buddhistische Bedeutung nicht richtig wieder. Wir denken dabei an Auszeichnungen wie Extra-Sternchen in der Schule und an Belohnungen für gut gelöste Aufgaben. Darum geht es aber hier nicht, und „positives Potential" ist die bessere Übersetzung des buddhistischen Begriffs. Für konstruktives Handeln belohnt uns niemand, aber wir hinterlassen positive Spuren oder Samen in unserem Bewussteinsstrom, und wenn die geeigneten Bedingungen zusammenkommen, trägt dieser Samen Frucht. Dieses positive Potential ist aber nicht mit Händen zu greifen.

Positives Potential wie eine Art spiritueller Währung zu erraffen ist weder angemessen noch heilsam. Sonst kommen wir nämlich in Konflikt mit anderen Menschen, etwa darüber, wer als Erster eine Opfergabe bringen kann, oder wir werden eifersüchtig, weil andere sich tugendhafter verhalten als wir. Das sind ganz bestimmt keine heilsamen Haltungen! Wir sollen zwar Gelegenheiten nutzen, positives Potential zu entwickeln, aber um uns zu bessern, Ursachen für Glück zu schaffen und anderen beizustehen, nicht etwa aus Gründen der Anhaftung oder Eifersucht.

Warum muss positives Potential gewidmet werden, und welchem Zweck sollen wir es widmen?

Es ist wichtig, unser positives Potential einem Zweck zu widmen, damit es nicht durch unseren Zorn und unsere falschen Ansichten zerstört wird. Ebenso wie man ein Auto durch das Drehen des Lenkrades steuert, steuert die Widmung die Reifung unseres positiven Potentials. Am besten widmet man es hohen und weit gefassten Zielen, denn dann kommen die Ergebnisse auf niedriger Stufe von allein. Wenn wir unser positives Potential, so gering es auch sein mag, der endgültigen Erlösung und Erleuchtung aller empfindenden Wesen widmen, schließt das ja die Widmung für eine glückliche Wiedergeburt und das Glück unserer Freunde und Verwandten mit ein.

Nun denkt mancher: „Ich habe so wenig positives Potential. Wenn ich das auch noch dem Glück aller widme, bleibt für mich nichts mehr übrig." Falsch gedacht! Wenn wir unser positives Potential anderen widmen, kommt uns sein Nutzen auch zugute. Nur die Zahl derer, denen unser Handeln nützt, erweitert sich. Die allgemeine Widmung unseres Potentials hindert uns nicht, besonders für das Glück derjenigen zu beten, die gerade schwere Zeiten durchmachen.

Kann Verdienst an verstorbene Freunde oder Verwandte weitergegeben werden?

„Widmen" trifft die Sache besser als „weitergeben". Wir können positives Potential nicht auf die gleiche Weise weitergeben wie einen Grundbucheintrag oder ein Auto. Wer die Ursachen schafft, der erfährt auch die Wirkung seines Handelns. Ich kann nicht Ursachen schaffen, deren Wirkung Sie treffen, denn die Spur oder der Samen dieser Handlung hat sich in meinen Bewusstseinsstrom eingeprägt. Wenn also unsere Verwandten und Freunde zu Lebzeiten nicht konstruktiv gehandelt haben, können nicht wir gutes Karma für sie schaffen und an sie abtreten.

Unsere Gebete und Opfergaben können jedoch dazu beitragen, dass Umstände entstehen, die eine ihrer positiven Handlungen Frucht tragen lässt. Ein Samen im Feld braucht das Zusammenwirken von Sonne, Wasser und Dünger, um zu wachsen. Ebenso reift der Samen oder die Spur einer Handlung durch das Zusammenwirken mehrerer Bedingungen. Wenn die Verstorbenen zu Lebzeiten auf heilsame Weise gehandelt haben, können wir ihnen durch die Schaffung zusätzlichen Potentials helfen, das durch Opfergaben und tugendhaftes Handeln entsteht. Das kann das Rezitieren und Lesen von Dharma-Texten sein, das Anfertigen von Buddha-Statuen, ja alle Handlungen, die Liebe und Mitgefühl für alle Wesen vertiefen. Wir können das positive Potential aus diesen Handlungen allen Verstorbenen widmen und damit auch die Samen ihrer guten Taten zum Reifen bringen.

GLOSSAR

Altruistische Absicht (Bodhicitta) Das Streben des Geistes nach Erleuchtung, um den Mitmenschen möglichst wirksam dienen zu können.

Arhat Ein Mensch, der sich aus dem zyklischen Dasein befreit hat.

Arya Ein Mensch, der die Leerheit unmittelbar erkannt hat und so zu den Sangha-Juwelen der Zuflucht gehört.

Befreiung Freisein vom zyklischen Dasein.

Besondere Einsicht (Vipassana) Hellsichtige, analytische Weisheit. Durch die besondere Einsicht in die Leerheit lässt sich die nichteigenständige Natur der Erscheinungen wahrnehmen.

Bewusstseinsstrom Fortdauer des Geistes.

Bodhisattva Ein Mensch, der die altruistische Absicht unmittelbar verwirklicht hat.

Buddha Jeder, der sich von allen Trübungen gereinigt hat und alle guten Eigenschaften entwickelt hat.

Buddhistische Gottheit Eine Verkörperung des erleuchteten Geistes.

Buddhanatur (Buddha-Potential) Die dem Geist eingeborenen Qualitäten, die alle Wesen befähigen, Erleuchtung zu erreichen.

Dharma Die Einsicht in die Leerheit – und das Ende des Leidens und seiner Ursachen, das durch diese Einsicht zustande kommt. Im allgemeineren Sinne versteht man unter Dharma auch die Lehre Buddhas.

Drei Juwelen Die Buddhas, der Dharma und der Sangha.

Eingebildete Existenzformen → Inhärente oder unabhängige Existenz

Entschlossenheit, frei zu sein Das Streben danach, von allen Problemen und Leiden frei zu sein und den Zustand der Befreiung zu erreichen.

Erleuchtung (Buddhatum) Der Buddha-Zustand, d. h. der Zustand, der eintritt, wenn man alle Verdunkelungen aus seinem Geist entfernt hat und seine guten Eigenschaften und seine Weisheit in vollem Maße entwickelt hat. Das Buddhatum steht auf einer höheren Stufe als die Befreiung.

Ermächtigung (Initiation) Eine Zeremonie im Vajrayana-Buddhismus, nach deren Vollzug der Schüler über eine bestimmte Buddha-Verkörperung meditieren darf.

Geist Der Teil eines Lebewesens, mit dem es Erfahrungen sammelt und lernt. Der Geist ist gestaltlos und besteht nicht aus Atomen. Er ist auch nicht mit unseren fünf Sinnen wahrnehmbar.

Gelübde → Vorschriften

Ichlosigkeit → Leerheit

Inhärente oder unabhängige Existenz Eine falsche oder nicht vorhandene Eigenschaft, die wir auf Menschen und Erscheinungen projizieren; eine Existenz, die nicht abhängt von Ursache und Wirkung, von Bestandteilen oder dem Bewusstsein, das den Phänomenen Namen gibt.

Initiation → Ermächtigung

Karma Vom Willen bestimmtes Handeln, das Spuren in unserem Bewusstseinsstrom hinterlässt. Daraus entstehen die Dinge, die mit uns geschehen.

Konzentration Die Fähigkeit, gänzlich auf das Ziel der Meditation ausgerichtet („einsgerichtet") zu sein.

Leerheit Das Nichtvorhandensein einer unabhängigen oder inhärenten Existenz. Darin liegt das wahre Wesen oder die Realität aller Menschen und Erscheinungen.

Leid (Dukha) Jeder unbefriedigende Zustand. Darunter versteht man nicht nur physischen oder seelischen Schmerz, sondern auch alle übrigen problematischen und unbefriedigenden Zustände.

Liebe Der Wunsch, dass alle empfindenden Wesen zu Glück und seinen Ursachen gelangen mögen.

Mahayana Buddhistische Tradition, die die Ansicht vertritt, dass alle Wesen die Erleuchtung erlangen können. Sie betont die Förderung des Mitgefühls und der altruistischen Absicht.

Mantra Eine durch einen Buddha geheiligte Silbenfolge, die den Kern des ganzen Weges zur Erleuchtung ausdrückt. Man rezitiert sie, um Konzentration und die Reinigung des Geistes zu bewirken.

Meditation Das Eingewöhnen positiver Haltungen und richtiger Betrachtungsweisen.

Mitgefühl Der Wunsch, dass alle empfindenden Wesen vom Leid und seinen Ursachen befreit werden mögen.

Mönch Ein Praktizierender, der ehelos lebt und ein Gelübde abgelegt hat.

Nirwana Das Aufhören der unbefriedigenden Zustände und ihrer Ursachen.

Nonne Eine Praktizierende, die ehelos lebt und ein Gelübde abgelegt hat.

Ordination Unterwerfung unter die von Buddha gegebenen Vorschriften, die von destruktiven Handlungen abhalten sollen. Es gibt verschiedene Grade der Ordination sowohl für Laien als auch für Klosterangehörige. Im Allgemeinen bezeichnet der Ausdruck aber das Ablegen des Mönchs- oder Nonnengelübdes.

Positives Potential Spuren positiver Handlungen, die zu Glück in der Zukunft führen; wird mitunter auch als „Verdienst" oder „gutes Karma" wiedergegeben.

Priester Buddhistische Geistliche, die nicht dem Zölibat unterworfen sind, in einigen buddhistischen Traditionen Japans.

Realisierung Ein klares, tiefes und richtiges Verständnis der Lehre Buddhas. Dies kann entweder abstrakt sein oder auf konkreter Erfahrung beruhen. Die direkte Erfahrung, auf höheren Stufen des Pfades der Erleuchtung gewonnen, beseitigt für immer die Trübungen unseres Geistes.

Reines Land Eine Richtung des Mahayana-Buddhismus, bei der das Schwergewicht darauf liegt, Wege zur Wiedergeburt in einem reinen Land zu finden. Ein reines Land ist ein Ort, den ein Buddha oder Bodhisattva eingerichtet hat, an dem alle Bedingungen das Praktizieren des Dharma und das Erreichen der Erleuchtung begünstigen.

Sangha Jeder, der die Leerheit direkt und nicht abstrakt wahrnimmt. Im allgemeineren Sinne steht Sangha auch für klösterliche Gemeinschaften. Manchmal werden damit auch Buddhisten ganz allgemein bezeichnet.

Spur Die im Bewusstseinsstrom verbleibende Energie, nachdem eine Handlung abgeschlossen wurde. Wenn sie zur Reife gelangt, beeinflusst sie unsere Erfahrung. Spuren bedeuten im Allgemeinen karmische Samen.

Störende Haltungen und negative Gefühle Einstellungen und Emotionen wie Unwissenheit, Anhaftung, Zorn, Stolz, Eifersucht und Engherzigkeit, die uns in Unruhe versetzen und uns treiben, uns und anderen Schaden zuzufügen.

Tantra Schriften zur Vajrayana-Praxis. Mit Tantra wird auch das Vajrayana selbst bezeichnet.

Theravada Die Tradition der Älteren, eine in Südostasien und Sri Lanka weit verbreitete Richtung des Buddhismus.

Vajrayana Eine Richtung des Mahayana-Buddhismus, die in Tibet und Japan verbreitet ist.

Vorschriften (Gelübde) Von Buddha niedergelegte Richtlinien, die uns von destruktivem Handeln abhalten sollen.

Weisheit der Wahrnehmung der Wirklichkeit (Weisheit der Wahrnehmung der Leerheit, Weisheit der Einsicht in das Nichtvorhandensein der eingebildeten Existenzformen) Geist, der begriffen hat, in welcher Form alle Menschen und Erscheinungen existieren, d. h. im Nichtvorhandensein einer inhärenten Existenz.

Zen (Ch'an) Eine in China und Japan verbreitete Richtung des Mahayana-Buddhismus.

Zuflucht suchen Die spirituelle Entwicklung der Führung der Buddhas, dem Dharma und dem Sangha anvertrauen.

Zyklische Existenz, zyklisches Dasein, Daseinszyklus (Samsara) Existenz, die dem Wiedergeborenwerden ausgeliefert ist aufgrund des Einflusses störender Haltungen und ihrer karmischen Spuren.

Buddhismus

Ama Adhe
Doch mein Herz lebt in Tibet
Die bewegende Geschichte einer tapferen Frau
Vorwort des XIV. Dalai Lama
Band 4854

„... ich bin glücklich, dass sie überlebt hat, um diese Geschichte zu erzählen" (Dalai Lama).

Dalai Lama
Einführung in den Buddhismus
Die Harvard-Vorlesungen
Band 4946

Die unauslotbare Tiefe der buddhistischen Weisheitstradition – von einer der großen geistigen Gestalten der Gegenwart auf einzigartige Weise erschlossen.

Dalai Lama
Der Weg des tibetischen Buddhismus
Eine Einführung
Band 4900

Unentbehrlich als Standardwerk für das Verständnis dieser großen Religion in der authentischen Darstellung des Dalai Lama.

Alexandra David-Néel
Die geheimen Lehren des tibetischen Buddhismus
Mit einem Nachwort von Ludger Lütkehaus
Band 5171

Klar und voller Tiefe – David-Néel „hat als erste das wirkliche Tibet in den Westen gebracht" (Dalai Lama).

Dhammapada – Die Weisheitslehren des Buddha
Mit einem Vorwort von Thich Nhat Hanh
Band 5305

In originalgetreuer Neuübertragung: der Weg zu innerem Frieden, Achtsamkeit und Gelassenheit.

HERDER spektrum

Thich Nhat Hanh bei HERDER spektrum

Lächle deinem eigenen Herzen zu
Wege zu einem achtsamen Leben
Hg. von J. Bossert/A. Meutes-Wilsing
Band 4883
Die einfache, tiefe Botschaft an Menschen, die in der Hektik des Alltags beim Gehen schon ans Rennen denken.

Das Leben berühren
Atmen und sich selbst begegnen
Band 4729
Aus- und Einatmen, das ist der Grundrhythmus des Lebens. So gelingt es, gelassen einfach da zu sein und in Kontakt zu kommen mit seinem Körper und mit der Welt um uns. Mit s/w-Fotos.

Nenne mich bei meinen wahren Namen
Meditative Texte und Gedichte
Band 4579
Mehr als 100 meditative und poetische Texte des vietnamesischen Zen-Meisters Thich Nhat Hanh.

Schritte der Achtsamkeit
Eine Reise an den Ursprung des Buddhismus
Hg. von Thomas Lüchinger
Band 4890
Das Buch zum Film. Mit eindrucksvollen s/w-Fotos.

Umarme dein Leben
Das Diamantsutra verstehen
Band 4973
Eine Anleitung zum Erkennen des illusionären Charakters unserer Weltwahrnehmung. Mit eindrücklichen s/w-Fotos.

Zeiten der Achtsamkeit
Hg. von Judith Bossert und Adelheid Meutes-Wilsing
Band 5179
Die schönsten Texte des bedeutenden Meditationsmeisters.

HERDER spektrum